성공한 1% 리더들의
고품격 대화

성공을 향하는 사람은 대화의 격이 다르다

성공한 1% 리더들의

고품격 대화

신영란
지음

평단

CONTENTS

제2장

사람을 내 편으로 만드는 대화의 원칙

제3장

말 잘하는 사람, 잘 듣는 사람

제4장

나에게 힘이 되는 대화법

제5장

자신의 가치를 높이는 대화법

미국의 대표적인 과학 논문 소개 사이트로 알려진 '유레칼러트(www.eurekalert.org/)'에 흥미로운 실험 결과가 실렸다. 사람들은 인생에서 최고 또는 최악의 순간을 떠올릴 때 타인과의 관계에서 비롯된 사건을 기억의 가장 앞자리에 놓는다는 사실이다. 즉, 개인적인 성취나 육체적 시련 등 자신에게만 해당하는 경험보다는 누군가와의 멋진 만남, 본의 아니게 꼬여버린 인간관계, 사랑하는 사람과의 사별 같은 일을 인생 최고의 순간 또는 최악의 상황으로 기억한다는 것이다.

사람들은 대부분 학업과 일, 취미생활, 자신의 목표를 달성하기 위한 노력 등에 시간과 에너지를 많이 투자한다. 그러면서도 평생 가슴에 문신처럼 새겨지는 것은 타인과 교감하거나 틀어진 관계 속에서 느끼는 감정이라는 게 이 논문의 핵심이다.

흔히들 사람만큼 큰 자산이 없다고 한다. "친구 따라 강남 간다"는 말도 자주 쓰인다. 살면서 마주치는 인간관계의 밀도에 따라서 삶의 질이 달라질 수도 있다는 것이다.

타인을 내 편으로 끌어들이는 힘은 어디에서 비롯되는가? 바로 소통이다. 각자의 심성이 선하다고 해서 인간관계가 모두 아름다워지는 것은 아니다. 어쩌다 본의 아니게 소중한 사람에게 상처를 주기도 하고 반대로 자신이 그 상처의 주인공이 되기도 한다.

말의 뒤끝이 길어지면 아무리 좋았던 관계도 균열이 생긴다. 소통의 불협화음이 낳은 최악의 부작용은 관계의 단절이다. 피를 나눈 형제보다 가깝던 사이가 남보다 못한 관계로 전락하는 것도 이때부터다.

소통의 본질은 서로의 마음을 이해하고 교감하는 것이다. 우리는 누군가와 진심으로 교감하고 있다고 느낄 때 행복을 느낀다. 반대로 피차 본심은 그렇지 않은데 교감에 실패하면 오해와 불통의 늪에 빠져 갈등하다 평생 돌이킬 수 없는 아픔을 겪기도 한다.

타인과의 만남 가운데 이루어지는 갈등과 화합, 그 모든 이해와 오해 사이, 소통과 불통 사이에 언어가 있다. 대화는 인간관계의 기본을 이루는 소통의 매우 효과적이고 강력한 도구다. 말투 하나로 관계를 망칠 수도, 말 한마디로 멀어진 상대를 내 편으로 되돌릴 수도 있다.

입은 마음의 문이라고 했다. 남에게 기쁨을 주는 말, 상처 주지 않는 아름다운 말은 그 사람의 품성을 나타내는 기준이 되기도 한다. 세상에 말처럼 쉬운 것도 없지만, 또 말만큼 까다롭고 뒤탈이 많은 것도 없다. 선의로 내뱉은 말도 상대가 잘못 받아들이면 치명적인 단절의 화근이 될 수 있다. 아무 생각 없이 전한 말이 본의 아니게 남에게 상처를 주는 경우도 흔하다.

"똑똑한 사람이 되는 것보다 어려운 것은 남을 배려할 줄 아는 사람이 되는 것이다."

인터넷 서점의 선구자로 통하는 아마존닷컴의 최고경영자 제프 베조스Jeff Bezos의 이 말은 행복한 인생을 살아가는 하나의 키워드를 제시하고 있다.

사람과 사람 사이의 관계가 어려워지는 가장 큰 이유는 같은 언어를 쓰면서도 뜻이 통하지 않기 때문이다. 이는 말을 잘하고 못 하고의 문제가 아니라 마음의 넓이에 따른 문제다.

속은 꽉 막혔으면서 말만 번드르르하게 한다고 해서 상대를 배려하는 게 아니다. 가슴에서 나오지 않은 말은 오히려 듣는 사람을 공허하게 만든다.

마음 그릇이 큰 사람은 칭찬에 인색하지 않고 비난에 움츠러들지 않으며 무엇보다 남의 장점을 발견하는 안목이 뛰어나다. 남의 허물을 찾아내기보다는 열 가지 행동 가운데 잘한 일부터 마음에 둘 줄 안다. 이처럼 여유로운 마음 문에서 나온 말이 인간관계를 불행하게 만들 까닭이 없다.

인맥이 돈이고 사람이 재산인 시대다. 말은 가난한 사람도 부자로 만드는 신비한 마력을 발휘한다. 선량한 후원자를 하루 아침에 돌아서게 만드는 것도 말이 지니는 엄청난 파괴력이다. 아차, 말실수를 해놓고는 진심이 아니라서 괜찮겠거니 하고 넘기는 나쁜 습관으로는 한 사람의 친구도 유지할 수 없다.

최고의 대화법이란 언제나 좋은 생각을 전해주는 것이다. 행복한 삶을 꿈꾸는 모든 이들에게 이 책이 작은 도움이라도 되기를 바란다.

2016년 7월

신영란

제 1 장

상대의 마음과
대화하라

六宮粉黛足如花

육궁의 여인들은 저마다 꽃처럼 어여쁜데

醜女無鹽取自夸

무염 마을 추녀가 찾아와 감히 스스로 뽐내며

指点安危言鑿鑿

나라가 위험에 처했음을 일일이 지적하니

滿朝文武不開牙

조당에 가득한 문무백관들은 입도 뻥긋 못하네

- 중국 4대 추녀 가운데 한 사람인 종리춘鍾離春이 말솜씨 하나로 황후에 오른 일을 칭송하는 시

1

...

말투를 보면
그 사람의 인생을
알 수 있다

인간관계란 보이지 않는 사람의 마음을 상대로 하는 만남이다. 그렇기 때문에 성공과 실패의 확률이 반반이다. 여기서 말은 상대를 내 편으로 끌어당기거나 내칠 수도 있는 자석의 고무줄 게임과 같은 역할을 한다.

불통은 대부분 상황에 맞지 않는 부적절한 화법에서 비롯된다. 진의가 왜곡돼 전달될 때 불신이 쌓이고 뿌리 깊은 갈등을 불러일으킨다. 서로의 마음을 제대로 읽지 못하는 상태에서 이루어진 대화가 인간관계를 파국으로 이끄는 독이 되는 것이다.

말투를 보면 그 사람의 인생을 알 수 있다.

의도가 좋아도 남에게 거부감을 주는 화법이 있고, 거절이나 반대의 뜻이 담겼어도 상대의 기분을 다치지 않게 하면서 설득력 있게 전달하는 화법이 있다. 말끝마다 부정적인 느낌을 풍기는 사람의 대인관계가 순탄할 리 없고, 대인관계가 원만치 못한 사람의 인생이 풍요로워질 수 없는 것 또한 당연한 이치다.

최악의 말버릇은 '귀머거리 화법'이다.

듣는 귀는 닫아놓고 자기 말만 하는 사람이 여기에 해당된다. 그는 생각이 다른 사람과 대화하는 것을 못 견디게 싫어하는 사람일 수도 있고, 어떤 상황이든 결론은 자신이 내려야 한다는 정리 결벽증 환자일 수도 있다.

간혹 상대보다 말을 적게 하거나 끼어들 틈새를 놓치면 자신이 무시당하거나 남들에게서 소외될까 봐 조바심내는 노출증 환자도 여기에 포함된다.

언제부턴가 '됐고'라는 폭력적인 말투가 유행어처럼 사용되기 시작했다.

"내 생각엔 말이야……."

이를테면 누군가가 자신의 의견을 말하려고 하면 면전에서 정색을 하고 이렇게 내뱉는 사람이 있다.

"됐고!"

상대방의 말은 들어볼 가치도 없거나 설령 그렇지 않다고 해도 자기는 듣고 싶지 않다는 뜻이다. 코미디 프로그램에서 웃자고 떠들던 말이 일상생활에 들어와서는 누군가의 인격을 깔아뭉개는 용도로 쓰이는 악의적 말버릇이 되었다.

그래놓고 본인은 누가 듣든 안 듣든 할 말 안 할 말 가리지 않고 입에서 나오는 대로 주워 삼키는 무례를 아무렇지도 않게

범한다. 당신이라면 이런 상대와 가까이하고 싶겠는가.

남의 말을 함부로 자르고 자기주장만 앞세우는 사람치고 주변에 사람이 많은 경우를 본 적이 없다. 만나는 사람이 많다 해도 진심으로 교감을 나눌 수 있는 대화 상대를 만들기란 불가능하다. 그 역시 들어주는 척만 하는 거짓 청중을 상대하고 있을 뿐이다.

아무 데서나 혼자만 튀려고 드는, 이른바 '신행병'을 드러내는 사람도 있다. 대화 상대가 단둘이거나 여러 명이 함께하는 경우나 다르지 않다.

다수의 의견을 모아 결정해야 할 일이 있다고 가정해보자. 개중에는 남들 앞에 나서서 말하는 게 자연스럽고 설득력이 풍부한 사람도 있지만 그렇지 않은 경우도 있다. 말주변이 부족하다고 생각조차 모자란 건 아니다.

진행병이 있는 사람의 가장 큰 특징은 남의 이야기가 길어지는 것을 도저히 그냥 참지 못한다는 점이다. 대개 자신의 의사 표현에 익숙지 않은 사람들은 '그러니까', '그래서', '그런데' 등의 접속사를 필요 이상으로 사용하는 경우가 많다. 물론 듣는 사람의 입장에선 다소 지루하게 느껴질 수도 있다. 그렇다고 남의 말을 무 자르듯 자르고 본인이 직접 정리정돈까지 하려고 드는 건 예의를 떠나서 상대를 그림자 취급하는 언어폭력에 가깝다.

"당신이 하고 싶은 말은 이런 거잖아."

누가 시키지도 않았는데 이런 식으로 툭툭 나서서 말참견을 하는 버릇 또한 귀머거리 화법에 속한다.

사람은 누구나 자신의 생각을 남에게 드러내고 싶은 욕구가 있다. 말을 유창하게 잘하지 못하는 유아들도 의사 표현 정도는 할 줄 안다. 시간이 좀 걸리고 표현이 서투를 뿐 스스로 원하는 걸 부모에게 전달하고자 하는 욕구가 있다. 그것을 못 기다려주고 형이나 누나가 자꾸 할 말을 가로채서 해버리면 아이는 결국 울음을 터뜨리고 만다. 이런 일이 반복되면 아이는 말을 배우는 속도가 평균치보다 더디거나 아예 대화에 흥미를 잃어버릴 수도 있다.

불통의 역사는 하루아침에 이루어지지 않는다.

유능한 사람일수록 듣는 귀를 활짝 열어놓고 가능한 한 상대방에게 마이크를 더 많이 넘겨주려고 한다. 상대가 아랫사람일 경우에는 지시나 강요보다는 경청에 더 무게를 둔다. 자신의 판단이 옳든 틀리든 조직구성원 간에 충분한 대화가 이루어진 뒤 내려진 결정일수록 조직을 이끌어가는 데 여러모로 이롭다는 사실을 알기 때문이다. 그러므로 좀처럼 반론을 제기하지 않는 부하직원이 있다면 상사로서 자신의 언어습관을 되돌아볼 필요가 있다.

흔히 말하는 완벽주의자들은 남에 대해서나 자신에 대해서나 엄격한 면이 있다. 일 처리에서도 실수가 거의 없다. 매사에 신중한 만큼 작은 일도 심사숙고해 결정을 내린다. 그러나 원숭이도 나무에서 떨어질 때가 있는 법이다. 신이 아닌 이상 누구나 판단착오를 할 수 있다. 이럴 때 상사가 어떤 태도를 보이느냐에 따라 소통과 불통의 경계가 생긴다.

"부장님, 그건 아닌 것 같은데요."

부하직원이 이의를 달고 나서면 심사가 언짢아지는 건 인지상정이다. 문제는 그다음이다. 감정적인 상사는 그 즉시 온몸으로 불쾌감을 표현한다. 자신과 견해가 다른 것을 일종의 도전으로 간주하기 때문이다.

순간적으로 '아차!' 싶을 때도 있다. 이쯤에서 이야기를 경청할 준비가 돼 있는 상사라면 한층 발전적인 결과를 이끌어낼 수가 있다. 그게 바로 소통의 힘이다.

상사 입장에서 자신의 권위만 의식하다 보면 실수와 무능을 동일 선상에 놓는 오류를 범하기 쉽다. 이 경우 부하직원이 아무리 좋은 의견을 제시해도 듣는 귀가 열리지 않는다. 듣는 귀를 닫았는데 옳은 말을 한 상대방이 곱게 보일 리 없다. 그러므로 자신의 결정에 하자가 있다는 것을 알면서도 속으로는 여전히 화가 나 있다. 같은 일이 여러 차례 반복되면 서로 얼굴 보는 게 껄끄러워질 수밖에 없고, 결국 부하직원의 입은 닫히고 만다.

반론을 허용하지 않는 인간관계에서는 발전이 있을 수 없다. 반론과 반격은 엄연히 다르다. 불통의 역사는 대개 이 차이를 혼동하는 데서부터 시작된다.

66 최악의 말버릇은 '귀머거리 화법'이다.
듣는 귀는 닫아놓고 자기 말만 하는 사람이 여기에 해당된다. **99**

2

...

대화의 행간에
숨은
진실 찾기

하버드 대학 교수를 지낸 미국의 저명한 정신분석학자 J. C. 네마이어 박사의 진료실에 어느 날 한 40대 남자가 찾아왔다.

불면증을 호소하며 박사를 찾아온 그는 면담 중에 수시로 안절부절못하며 한숨을 내쉬었다. 박사는 그가 심각한 정서불안과 우울증에 빠져 있는 것으로 진단했다. 문제는 그 원인을 알수가 없다는 점이었다. 더구나 환자는 박사의 진단 결과를 극구 부인하려고 들었다.

"제가 심적으로 우울하고 불안해 보인다고요? 천만에요. 전혀 그렇지 않습니다. 박사님, 전 살아오면서 단 한 번도 마음고생이라곤 해본 적이 없습니다. 현재도 아무 문제 없이 잘살고 있습니다. 특별히 놀라거나 충격받을 일도 없는 평온한 일상이지요. 한마디로 평생 우울이나 불안이라는 말 자체를 모르고 살았다고 할 수 있습니다."

환자는 필요 이상으로 자신이 잘 지내고 있음을 장황하게 늘어놓았다.

"지금은 등에 상처가 나서 입원 치료하느라 직장을 그만둔 지 일 년이 좀 넘었지만, 경제적인 어려움을 겪지 않아도 될 만큼 재정상태도 양호한 편이지요. 저는 살면서 결코 슬펐던 적도 없고 생활이 달라졌다고 해서 당황한 적도 없습니다. 늘 그래왔듯이 완벽하고 평화롭고 행복한 인생이란 말입니다."

설명이 길어질수록 그가 무언가에 억압당하고 있다고 느낀 박사가 단도직입적으로 물었다.

"부인과는 어떻게 지냅니까?"

환자는 당연히 부인과 잘 지내고 있으며, 자신들은 매우 이상적인 관계를 유지하고 있다는 점을 힘주어 강조했다.

"우린 다른 부부들과 달라요. 서로의 생활을 존중해주고 있지요. 아내는 자신이 하고 싶은 일을 합니다. 나야 뭐 아내가 원하는 대로 다 들어주는 사람이지요."

네마이어 교수는 이 대목에서 모종의 단서를 포착했다. 환자가 겪고 있는 심리적 불편함의 원인이 부부관계에 있으며, 그것이 불면증의 실마리가 될 수도 있음을 알아차린 것이다.

또한, 그는 환자 본인이 자신의 내면에서 벌어지는 부정적인 일에 대해 드러내는 것을 망설이는 것은 의도적인 억제 또는 억압의 결과라고 보았다. 그러면서 환자는 자기 나름의 치밀한 자기방어 기제를 작동하여 갈등의 본질을 숨기려는 경향이 있지만, 다행스럽게도 대부분 상담에 방해가 될 만큼 과묵하지는 않다고 덧붙였다. 자신이 만든 가면 뒤에 철저하게 숨어 있다가도 어느 순간 은연중에 비밀의 열쇠를 흘려버린다는 것이다.

환자가 흘린 비밀의 열쇠는 '이상적인 부부관계'에 대한 이야기였다. 사생활을 존중한다는 명분으로 한지붕 두 가족으로 살아온 부부를 과연 이상적인 관계라 할 수 있을까.

앞에서 언급한 40대 남자의 말투는 겁먹은 어린아이의 화법에 가깝다. 예를 들어 부모가 금지한 물건을 화분 밑에 몰래 숨겨놓은 아이가 있다고 치자. 이 사실을 모르는 방문객이 화분에 핀 꽃을 유심히 쳐다본다면 당연히 아이의 신경은 온통 그 화분에 쏠릴 것이다.

"화분엔 아무것도 없어요!"

조금만 눈치 있는 부모라면 아이가 뜬금없이 외치는 말에서 숨기고 싶은 뭔가가 있다는 사실을 알아차릴 수 있다.

지켜야 할 비밀의 무게가 무거울수록 그에 따른 치밀한 전략이 동반된다. 누구한테도 발설하지 말 것을 강요당한 채 은밀히 학대받는 아이의 경우 사실을 알리고 싶을 때도 말이나 행동을 통해 모종의 메시지를 흘리기 쉽다. 즉, 자신은 지금 일러바치는 것이 아니며, 그 일에 대해서는 전혀 부당하다고 여기지 않는 것처럼 구는 경향이 있다.

"난요, 진짜로 밥 안 먹어도 배 안 고파요."

아이가 맛있는 음식을 뚫어져라 쳐다보며 같은 말을 반복한다면 십중팔구 끼니를 제대로 챙겨 먹지 못했을 가능성이 크다. 이럴 땐 일단 아이의 주장을 의심 없이 받아주는 태도를 보이면서 대화를 해보자.

"그렇구나. 혹시 배는 안 고파도 어떤 맛인지 궁금하면 한번 먹어보지 않을래?"

진실은 이때 아이가 보이는 반응에 따라 본모습을 드러내게 될 것이다.

무심코 내뱉는 것 같은 말에도 그 사람의 속내가 고스란히 담기는 경우를 흔히 볼 수 있다. 이를테면 "저 친구, 인사는 기가 막히게 잘해" 하는 말에는 긍정보다는 부정의 뜻이 더 강하게 내포돼 있다. 여기서 간단하게 토씨 하나만 바꾸면 "저 친구, 인사도 기가 막히게 잘해"가 된다. 바뀐 건 토씨 하나지만 의미는 정반대로 읽힐 수 있다. 말이란 게 그만큼 조심스러운 법이다.

약속은 지키라고 있는 게 맞지만 어쩌다 약속 시간에 늦는 경우가 있다. 특히 업무상 단둘이 처음 만나는 자리에서 어느 한 사람이 늦으면 졸지에 갑을관계가 형성되기도 한다.

5분, 10분……. 시간이 흐를수록 기다리는 사람이나 늦는 사람이나 '일각이 여삼추'인 건 마찬가지다. 공교롭게도 그날따라 한 사람은 약속 시간보다 일찍 나왔다. 그만큼 짜증 지수도 높아지기 마련이다.

"정말 미안하게 됐습니다. 많이 기다리셨죠?"

정해진 시간보다 20분쯤 늦게 약속장소에 헐레벌떡 나타나 건넨 사과의 말에는 두 가지 대답이 나올 수 있다.

A : "괜찮습니다. 오다 보니까 차가 많이 막히던데요."

B : "괜찮습니다. 30분밖에 안 기다렸어요. 제가 좀 일찍 나온 것도 있고."

같은 상황이라도 A는 상대방의 심리를 어루만져주는 화법을 사용하여 분위기를 편안하게 이끌어가는 반면, B는 상대방을 '두 번 죽이는' 화법으로 스스로 유리한 고지를 점령하려는 의도로 읽힐 수가 있다. 괜찮다는 건 빈말이고, 자기는 약속 시간보다 무려 10분이나 일찍 왔다는 사실을 밝힘으로써 상대방이 늦은 시간보다 더 많이 기다리는 수고를 감내했음을 노골적으로 드러냈기 때문이다.

어차피 엎질러진 물이다. 단칼에 관계를 끝낼 생각이 아니라면 을의 입장에 처한 상대방에게 스스로 공치사를 해서 죄책감을 더해줄 필요는 없다. 그보다는 차라리 A처럼 통 크게 아량을 베푸는 것이 첫 만남에서부터 밀도 있는 관계를 형성하고 덤으로 호감까지 얻을 수 있는 방법이다.

말솜씨도 전략이다.

때로는 상대의 심리를 편안하게 해주는 배려가 대화의 윤활유 역할을 한다는 점을 기억하자.

> 바뀐 건 토씨 하나지만 의미는 정반대로 읽힐 수 있기 때문에 말 한마디 조심스러운 법이다.

3

...

상대의
성격유형을
파악하라

어느 회사 홍보팀에 세 명의 인턴사원이 들어왔다. 그중 A는 유독 동료애가 강하고 배려심도 많은 편이었다. 팀을 위한 일은 물론 개인적인 부탁도 힘닿는 데까지 도와주려고 노력하는 너그러운 심성을 지녔다. 또한, 자기 일이 아니라고 대충대충 처리하는 법도 없어서 한마디로 팀원들 사이에선 빛과 소금 같은 존재였다. 그런 A를 눈여겨본 팀장이 하루는 급한 보고서 작성을 맡겼다.

"내일 오전까지 부탁해요. 특히 숫자에 신경 좀 써주고."

"열심히 하겠습니다, 팀장님."

A는 평소와 같이 대답도 시원시원하게 했다. 그리고 숫자에 신경을 써달라는 팀장의 당부에 따라 검토에 검토를 거듭하느라 밤을 꼬박 새우다시피 했다.

다음 날 출근한 팀장의 책상에는 A가 깔끔히 정리한 보고서가 놓여 있었다.

"수고했어요."

대충 보고서를 훑어본 팀장은 가서 일 보라는 손짓을 보냈다. 겉으로 표현은 안 했지만, 인턴사원의 솜씨라고 하기엔 놀라우리만큼 완벽한 보고서였다. 덕분에 팀장의 일 처리가 한결 수월해졌다. 이런 일은 이후로도 몇 차례 반복되었고, 그때마다 팀장은 '수고했어요'라든가 '애썼어요'라는 말로 간단히 고마움을 표시하곤 했다.

인턴 수습 기간이 끝나면 세 명 가운데 팀장의 선택을 받은 한 명만 회사에 남기로 돼 있었다. 마지막 결정을 앞두고 개별 면담을 하는 과정에서 팀장은 내심 당황하지 않을 수 없었다. 다른 두 명은 정규직 입사에 강한 애착을 보이는 반면, 정작 그가 마음에 두고 있던 A의 반응이 뜻밖에 신통치 않았던 것이다.

A는 스스로 이 회사에 어울리지 않는다는 생각을 하고 있었다. 팀장은 그 이유를 이해할 수가 없었다.

"제가 팀에 별 도움이 못 되었으니까요."

대화를 통해 알게 된 사실은 A가 그동안 남몰래 마음의 상처를 받아왔다는 점이었다.

얼핏 보기에 외향적인 사람도 내면은 감정이 풍부하고 한없이 여린 경우가 있다. A가 바로 이 경우에 해당한다. 그는 심성이 착해서 남의 부탁을 거절하지 못하고 무리한 요구도 잘 들어주며, 일단 주어진 일에는 최선을 다하는 편이다. 하지만 상대가 자신의 호의를 당연시한다 싶으면 스스로 상처를 받기 쉬운 성격이다.

이런 성격은 무엇보다도 상대와의 구체적 공감을 통해 강한 성취감을 얻는다. 그렇기 때문에 단순히 '고맙다'는 말만으로는 부족하다. 그렇다고 장황하게 공치사를 늘어놓을 필요는 없다. 진심 어린 칭찬이나 인정만으로도 충분히 동기부여가 가능하다.

이 경우에는 객관적 판단보다 감정적 칭찬이 효과적인 화법이다. 이를테면 팀장의 보고서를 성심성의껏 작성한 인턴사원 A에게 필요한 감정적 칭찬은 "숫자 정리를 완벽히 잘해주었군요!" 하는 식으로 감동 포인트를 짚어줌으로써 자신이 원하는 대로 일을 처리해준 데 대한 고마움을 표시하는 것이다.

회사는 다양한 성격을 지닌 사람들의 집합체다. 가정이나 학교에서와는 달리 누가 일일이 가르쳐주지 않아도 스스로 하나에서 열까지 부딪쳐가며 깨우쳐야 하는 곳이 회사라는 조직이다.

지위고하를 막론하고 회사생활에서 가장 큰 스트레스를 꼽으라면 인간관계에서 비롯된 갈등을 호소하는 경우가 많다. 동료는 동료끼리, 신입직원과 상급자, 상사와 부하직원은 또 그들대로 불가피하게 맺어진 관계망 속에서 그 나름의 애로사항을 겪기 마련이다.

누군가는 살면서 가장 견딜 수 없는 일이 싫은 사람과 마주하는 것이라고 한다. 직장을 포기하지 않는 한 싫어도 매일 얼굴을 봐야 하는 상대가 있다면 더 이상의 고역이 없을 것이다.

직장 내에서 겪는 이 불편한 상황을 최대한 빨리 벗어나려면 갈등의 당사자와 자신의 성격유형이 어떻게 다른지 점검해볼 필요가 있다.

"저 친구, 어느 땐 좀 열심히 하는 것 같다가도 어쩌다 한 번씩 속을 뒤집어놓는데 아주 돌아버리겠어. 사람 갖고 노는 것도 아니고, 내가 그렇게 우습나?"

김 과장은 동갑내기 부하직원 윤 대리 때문에 열이 잔뜩 올라 있다. 직급으로 따지면 대리는 좋든 싫든 과장의 지시에 따르는 게 당연하다. 이치상으론 그렇지만 입사 동기인 데다 나이도 같아서 특별히 상사 대접을 바란 건 아니었다. 그런데 부서 일이 한창 바쁘게 돌아갈 때 천하태평인 윤 대리를 보면 신경이 곤두설 수밖에 없다.

"기한 내로 마칠 수 있게 이번 자료준비는 꼭 좀 서둘러주세요."

"예, 제가 알아서 할게요."

"부탁 좀 할게요."

"예."

답답해서 한마디 했더니 퉁명스레 내뱉는 말이 또 속을 뒤집는다. 대체 뭘 알아서 하겠다는 건지 일언반구 설명도 없다.

"어떻게 이런 기막힌 아이디어를 생각해냈지? 그 팀엔 인재가 많은가 봐."

그날 김 과장은 윤 대리가 준비한 자료를 토대로 작성한 보고서 덕분에 직속상사에게 후한 칭찬을 들었다. 평소에도 내내 입 꾹 다물고 있다가 막판에 보란 듯 필요한 자료를 내놓는 바람에 겨우 한숨 돌리곤 하는 일이 예사였다.

"참나, 이렇게 잘할 거면서 왜 매번 속을 썩이나 모르겠군."

혹시 상대가 자신을 골탕 먹이려고 일부러 늦장을 부리는 게 아닌가 하는 의심마저 들었다.

김 과장은 매사를 신중하게 진행하는 편이다. 팀원들이 하는 일도 일일이 확인해야 직성이 풀린다. 그래야 만약의 실수에 대비할 수 있다는 판단에서다. 이 대목에서 김 과장과 윤 대리는 심정적 마찰을 일으키곤 했다.

윤 대리는 독립적인 기질이 강한 편이고 철저히 혼자 움직이는 유형이다. 겉보기엔 어영부영하는 것 같아도 어느 순간 놀랄 만큼 풍부한 창의력과 추진력을 발휘한다. 문제는 둘 다 서로의 성격이나 업무 스타일에 대한 이해가 부족하다는 점이다.

과장은 시간이 갈수록 부하직원에게 무시당하는 느낌이 들고, 대리 입장에선 '꼭 좀', '부탁 좀' 하고 말끝마다 사정하는 조로 내뱉는 과장의 신경질 섞인 말투가 업무 의욕을 떨어뜨리는 요인이 된다. 이쯤 되면 피차 직장생활이 괴로울 수밖에 없다.

"아무튼, 자기가 맡은 일은 실수 없이 해내는 친구니까."

상사인 김 과장이 먼저 해법을 찾아냈다. 그는 윤 대리가 일부러 꾀를 부리는 게 아니고 행동으로 불붙는 속도가 좀 느릴 뿐이라는 사실을 받아들이기로 했다. 그리고 따로 자리를 마련해 윤 대리에게 자신의 속마음을 전했다.

"자꾸 일 독촉해서 미안해요. 윤 대리가 알아서 잘하는 걸 알면서도 워낙 성미가 급하다 보니 뭐 도울 일이 없나 하고 공연히 노심초사하게 되네요."

"과장님의 입장과 배려는 충분히 이해합니다. 제 성질이 고약해서 이거다 싶은 게 나올 때까진 말씀을 못 드렸던 것뿐입니다."

"그래요. 앞으론 중간보고 같은 거 생략합시다."

"아닙니다. 저도 조언이 필요하면 용기를 내서 말씀드릴 테니 도와주십시오."

갈등은 의외로 쉽게 풀렸다. 마음의 문을 한 뼘쯤 열어두기만 해도 단점이 장점으로 보일 수 있다.

'며느리 시집살이'라는 말이 있듯이 부하직원과의 관계가 어긋나면 상사도 마음 편히 직장생활을 할 수 없다. 이럴 때 상사가 좀 더 여유를 가진다면 불필요한 스트레스를 겪게 될 위험이 적어진다. 이것이 부하직원에게는 성과를 높이는 동기부여가 돼 결과적으로 부서를 이롭게 하는 일거양득의 효과를 낼 수도 있다.

물론 조직을 이끌어가는 책임자로서 신중해서 나쁠 건 없다.

단, 달리는 말에 채찍질을 한다는 생각은 버려야 한다. 부하직원의 능력을 최대치로 끌어올리기 위해 차분히 믿고 기다려주는 것도 상사의 몫이다.

만약 도움을 주고 싶다면 시간이나 규정 따위에 얽매이게 하지 말고 언제든 들어줄 수 있는 귀를 열어두기만 하면 된다.

> 직장 내에서 겪는 불편한 상황을 최대한 빨리 벗어나려면 갈등의 당사자와 자신의 성격유형이 어떻게 다른지 점검해볼 필요가 있다.

4

. . .

막장으로 치닫기 전
'일시 정지'
버튼을 눌러주는 센스

　명예퇴직 후 하는 일마다 번번이 실패해 전 재산을 잃은 50대 남자가 있었다. 나중엔 사채까지 얻어 쓰고 빚 독촉에 시달리느라 하루하루가 악순환의 연속이었다. 그래도 먹고는 살아야겠기에 막일이라도 하려고 찾아간 용역업체에서는 나이가 많다는 이유로 문전박대를 당했다.

　"그러게 사업은 아무나 하는 게 아니야. 자네 인생도 참 갑갑하군그래."

　자존심을 억누르고 취직을 부탁하러 간 자리에서 옛 동료가 내뱉은 훈계 아닌 훈계는 가슴에 비수가 돼 꽂혔다. 그 말은 마치 "넌 이제 살아갈 자격도 없는 놈이야" 하고 비웃는 것처럼 들렸다.

　한때는 둘도 없는 동료였으나 처지가 어렵게 되니 남보다 못

한 사이가 돼버렸다. 취직 부탁을 거절당한 것보다 믿었던 상
대에게 멸시당한 아픔이 더 컸다.

온 세상이 자신에게 등을 돌린 것만 같았다. 갈 곳이라곤 비
좁은 고시원뿐이었지만 그나마 방값을 내지 못해 언제 쫓겨날
지 모르는 신세다. 삶의 목표를 잃고 방황하는 동안 그는 가족
도 친구도 모두 잃었다.

채권추심업자에게서는 아침부디 지녁까지 끊임없이 전화가
걸려왔다. 한강 변을 헤매던 그는 차마 해서는 안 될 결심을 하
기에 이르렀다. 모든 것을 포기하려는 순간, 오랫동안 연락을
주고받은 적 없는 고등학교 동창에게서 전화가 걸려왔다.

"잘 지내고 있지?"

"그래."

"어쨌든 건강은 꼭 챙겨. 우리 나이가 그럴 때 아니냐? 언젠
가는 좋은 날이 오겠지."

"그래."

"사업은 잘되고?"

"그렇지, 뭐."

그는 딱히 할 말이 없어 건성으로 대꾸했다. 그 동창과는 별
로 친하게 지낸 사이도 아니고 이런 상황에서 시시콜콜 속사정
을 말하는 것도 내키지 않았다. 그런데 상대는 눈치도 없이 계
속 말을 걸었다.

"대답이 왜 그래?"

"내 대답이 어때서?"

"아니, 그냥……."

"용건 없으면 끊자."

짜증이 나서 그만 전화를 끊으려는 그에게 수화기 저편에서 친구의 음성이 들려왔다.

"특별히 용건이랄 건 없고, 우연히 마음에 와 닿는 글귀를 발견했는데 마침 자네 번호가 눈에 띄길래 안부 삼아 연락해본 거야. 난 요새 시간이 아주 많거든."

"……."

그는 당혹스러움에 잠시 할 말을 잃었다. 그런 그에게 친구는 용건 아닌 용건을 전했다.

"성공한 사람의 과거는 비참할수록 아름답다더라. 좋은 날 잡아 소주나 한잔하자!"

그 말은 절망의 나락에 빠진 한 사람을 생의 안쪽으로 끌어들였다.

이심전심이라 했던가. 여기서 만약 그 동창생마저 '사업은 아무나 하느냐'는 등 충고랍시고 내뱉었다면 궁지에 몰린 사람에게 '네가 그럴 줄 알았지' 하고 말하는 것과 같다. 하지만 서로 속 깊은 이야기를 나누진 않았어도 상대는 무성의한 응답에 불쾌감을 표현하는 대신 역지사지의 미덕을 발휘해 한 걸음 더 다가왔다. 이것이 최악의 선택을 앞두고 있던 그의 마지막 한 걸음을 되돌리는 역할을 했다.

아무리 절망적인 상황에 부닥친 사람이라도 그 나름의 살기 위한 대안을 갖고 있기 마련이다. 이 경우 시시콜콜한 충고나 조언보다는 마음으로 껴안는 몇 마디의 위로가 가장 절실하고도 효과적인 일시 정지 버튼 역할을 하게 된다.

얼마 전 포털 업체에서 직장인들을 상대로 한 설문조사 결과를 보니 직장생활에서 슬럼프에 빠지는 원인 가운데 가장 큰 부분을 차지하는 것이 '동료와의 갈등'으로 나타났다. 직장 동료들 간에 사소한 견해 차이로 벌어진 언쟁이 감정싸움으로 번지는 경우가 있다. 애초엔 서로 잘해보자고 시작한 대화가 점점 격해지면서 어느덧 본질은 저만큼 가 있고 심하면 인신공격으로 비화되기도 한다. 사실 감정이 격해진 사람을 상대로 당장 시시비비를 따지는 일만큼 불필요한 에너지 낭비도 없다. 이럴 때 논쟁은 활활 타는 불에 기름을 들이붓는 격이다.

도전의식이 강하고 주도적인 기질을 지닌 사람과 모험보다는 안정적이고 우직한 기질을 지닌 사람이 한 사무실에 있으면 의견충돌을 일으키기가 쉽다. 편의상 전자를 '주도형', 후자를 '안정형'이라 부르기로 하자.

신제품의 마케팅 규모를 정하는 문제로 둘 사이에 이견이 생겼다. 주도형은 광고비를 파격적으로 많이 쓰더라도 파이를 키워보자는 것이고, 안정형은 일단 기존의 방식대로 해보고 상황을 보아가며 광고비 투자 규모를 결정하자는 의견이다.

먼저 주도형이 포문을 열었다.

"이건 된다 싶을 때 확 저질러야 해. 우물쭈물하다가는 죽도 밥도 안 된다고."

"그건 자네 생각이지. 지금 뭐가 된다 싶을 땐지 확실한 근거도 없잖아."

"된다는 근거가 없다니? 그거야말로 자네 생각이지. 시장을 제대로 보긴 한 거야?"

"뭐?"

일단 뭔가에 꽂히면 밀어붙이기를 좋아하는 데다 직설적이기까지 한 주도형의 삐딱한 말투에 감정이 상한 안정형도 이에 질세라 맞불을 놓았다.

"자넨 왜 그렇게 매사에 제멋대로야? 앞뒤 계산도 없이 일만 벌여서 어쩔 거야? 책임은 누가 지냐고."

"뭐? 거참, 책임 같은 소리 하고 있네!"

졸지에 정곡을 찔린 주도형의 이맛살이 으등그러지고 곧바로 반격이 이어졌다.

"자넨 매사에 수동적인 게 문제야. 조용히 몸 사리고 있다 잘되면 무임승차하고, 안 돼도 그만이라 이거지? 결국, 책임지기 싫다는 거잖아!"

"무임승차라니, 말 다했어? 감당도 못 할 일을 자꾸 벌여서 주변 사람 피곤하게 만든 게 누군데? 그래도 한솥밥 먹는 동료라고 참을 만큼 참았는데, 이제 보니 인간성도 형편없군."

"뭐? 내 인간성이 어때서? 그러는 자넨 얼마나 고매한 인격자길래 공사 구분도 못하나? 업무시간에 인터넷 검색이나 하는 걸 누가 모를 줄 알고?"

논쟁도 토론도 아닌 물고 뜯기로 두 사람은 결국 만신창이가 되었다. 업무로 시작된 말싸움이 서로의 인격을 건드리는 지경까지 이르러 막장 가운데서도 최악의 막장으로 변질된 것이다.

더 상황이 악화되기 전에 누군가는 먼저 숨 고르기를 했어야 옳다. 동료를 적으로 만들 작정이 아니라면 논쟁을 일시 정지하고 갈등의 해법을 모색해야 한다.

대화가 험악해지기 시작한 것은 '책임'이라는 단어가 나왔을 때부터였다. 어느 조직에서든 책임은 매우 민감한 의미를 띤다. 그러므로 동료에게 무책임하다는 소리를 듣는 것만큼 모욕적인 상황은 없을 것이다. 그래서 이에 발끈한 상대가 '무임승차'라는 말로 공격의 수위를 높였고 사태는 점점 극단으로 치달았다. 결국, 두 사람 모두 되로 주고 말로 받은 격이다.

감정에 날이 서기 시작하면 일단 자리를 피하는 게 서로를 위해 현명한 방법이다. 상대는 당장 말싸움을 해서 이기고 끝장을 내야 하는 원수나 적이 아니라 회사에 몸담은 동안 서로 얼굴을 마주해야 하는 동료이기 때문이다.

속에서 분이 치받치면 화장실에라도 가서 잠깐 머리를 식히고 돌아오는 게 낫다. 이 상태로 계속 얼굴을 맞대고 있으면 절대로 해선 안 될 말이나 행동이 튀어나오기 마련이다. 5분도 좋고 그보다 짧은 시간이라도 괜찮다. 잠깐의 여백이 다음 날의 출근길을 홀가분하게 만들어줄 것이다.

> **"** 상황이 악화되기 전에 숨 고르기를 하라. 동료를 적으로 만들 작정이 아니라면 논쟁을 일시 정지하고 갈등의 해법을 모색해야 한다. **"**

5

···

갈등의
본질을
이해하라

"에잇! 이놈의 기계, 내 손으로 치워버리든가 해야지."

한 직원이 있는 힘을 다해 커피 자판기를 발로 차고 있다.

그 자판기는 워낙 고장이 잦아서 직원들 대부분이 한 번쯤은 동전을 잃은 경험이 있을 정도다. 배신당한 자판기 앞에서 보이는 행동도 가지가지다. 몇 번 두드리다 "또 고장이야?" 하고 중얼대며 돌아서는 사람, 자판기를 설치한 회사에 전화 걸어 항의하는 사람, 아예 기계를 부숴버리기라도 할 듯 생난리를 치는 사람······.

그런데 지금 자판기 앞에서 흥분한 직원은 비교적 온건파로 평소에는 자판기가 동전만 먹고 먹통이 돼도 허허 웃곤 하던 사람이다. 평소답지 않은 행동에는 반드시 이유가 있다. 그는 지금 종로에서 뺨 맞고 한강에서 화풀이하는 격이다. 사무실

안에서 마찰로 생긴 분노를 애꿎은 자판기 앞에서 토해내고 있는 것이다.

어느 사회에나 갈등은 있기 마련이다. 한 사무실에서 여러 동료와 일하다 보면 하루에도 몇 번씩 화가 치밀 때가 있다. 사소하게는 누가 내 비품을 허락 없이 가져다 쓴 일에서부터 크게는 내가 이룬 성과를 가로챈 동료의 얌체 짓으로 머리 꼭대기까지 열이 차오를 때가 있다.

이럴 경우 업무는 나중이고 몇 날 며칠을 신경이 예민해져 일이 손에 안 잡힌다. 열 받게 한 사람을 코앞에 두고 일하자니 순간순간 치받치는 감정이 이성을 마비시키기도 한다. 그렇다고 사춘기 아이들처럼 우격다짐으로 문제를 해결할 수도 없는 노릇이다.

사무실에서 다툼을 벌였다가는 자칫 동료들 사이에서 속 좁은 인간, 피해망상증 환자로 낙인찍힐 위험도 있다. 당사자끼리만 맞붙는다 해도 상대방이 진의를 왜곡해 악의적인 소문을 퍼뜨리지 말란 법도 없다. 그래서 이러지도 저러지도 못하는 사이 화는 켜켜이 쌓여 결국 가족이나 친구, 연인 등 가까운 사람들에게까지 여파가 미치기도 한다.

이럴 때 더 큰 후유증을 미연에 방지하는 방법은 스스로 갈등의 본질을 이해하고 그에 대처하는 것뿐이다.

직장에서 겪는 갈등의 본질은 크게 두 가지로 나눌 수 있다.

첫째, 이 문제가 회사에도 중요한 영향을 끼치는가.

둘째, 과연 내가 이 싸움에서 이길 수 있는가.

회사에 중요한 영향을 끼칠 만큼 심각한 상황이라면 답은 거의 정해져 있다. 마찰이 공론화될 경우 둘 가운데 누군가는 경력에 큰 손실을 입게 될 것을 각오해야 한다. 이 경우 가급적 당사자 간의 진지한 대화를 통해 책임 소재를 분명히 하고 갈등을 봉합하는 것이 우선이다.

갈등이 회사와 관련된 것이라면 대개 업무의 우선순위에 따른 문제거나 경비지출과 관련된 문제일 가능성이 크다. 그럴 경우 결과가 나오기 전에는 누구도 옳고 그름을 장담할 수 없다. 그런데도 피차 의견이 팽팽히 맞선다면 각자의 입장 차이를 서류에 명시해두는 것도 좋은 방법이다.

"자네 판단은 존중할게. 다만 내 생각은 다르다는 것도 인정해주길 바라네."

이렇게 하면 최소한 동료끼리 얼굴 붉히며 불필요한 말씨름으로 에너지 낭비할 일은 없어진다. 물론 가장 좋은 방법은 서로 터놓고 이야기해 한 발씩 양보하는 것이다.

둘째는 회사와 나, 양쪽을 모두 고려해야 한다.

먼저 자신의 판단이 백번 생각해도 옳다는 확신이 필요하다. 그런데도 '좋은 게 좋은 거다'는 식으로 상대방의 억지주장을 참아 넘긴다면 다른 동료들에게서도 신뢰를 얻지 못한다. 한마디로 서로 잘해보려 하다가 혼자만 바보 되는 자충수를 두는 것이다.

반드시 이겨야 할 논쟁에서 살아남으려면 갈등이 최고조에 올랐을 때 스스로 감정을 통제할 수 있는지 점검해봐야 한다. 감정 조절에 실패하면 갈등의 논점을 벗어날 수가 있기 때문이다.

"자네, 참 성격 이상하네."

"원래 그런 식으로 일하나?"

"내가 그렇게 우스워?"

"사람 만만하게 보지 말라고."

이렇게 도중에 삐딱선을 타면 배가 산으로 가기 마련이다. 또 남들 보기에도 우습다. 어디까지나 갈등의 본질은 업무에 국한된다는 것을 잊지 말자. 상대방의 사생활을 건드리거나 논점을 벗어나는 표현은 절대 삼가야 한다.

중요한 건 논리 싸움이다. 논리 싸움에서 밀리면 제아무리 목소리가 큰 사람도 백기를 들고 떠드는 것이나 마찬가지다. 끝까지 승기를 거머쥐려면 상대방의 반격을 적재적소에서 되받아칠 만큼 확실한 논리력을 갖춰야만 한다.

그런가 하면 상대방의 오류가 명백한 상태에서 문제를 제기하고도 싸움에 이길 수 없는 경우도 있다. 대개 상대가 사내에서 막강한 영향력을 행사하는 위치에 있거나, 동료라고 해도 결정권을 가진 윗사람에게 이른바 말발이 잘 먹히는 경우다.

이럴 땐 다소 성에 안 차더라도 지혜롭게 처신할 필요가 있다. 먼저 자신의 주장에 힘을 실어줄 만한 상대가 있는지 차분히 생각해보도록 한다.

예를 들어 누군가가 내 아이디어를 훔치는 일이 발생했다. 친구와 사적인 통화를 하다가 무심코 지금 하는 일을 이야기한 것이 실수였다. 마침 그 자리엔 동료가 한 명밖에 없었다. 심증은 있으나 물증이 없는 경우 진실은 내 편이 아닐 수도 있다.

대부분의 사람은 가능한 한 남의 싸움에 끼어들지 않으려는 태도를 보인다. 설령 이럴 때 발 벗고 나서줄 친한 동료가 있더라도 구체적인 정황 증거를 제시해 상대를 굴복시키지 않는 한 싸잡아서 공격당할 수도 있다.

만일 팀장이나 부장 등 직속상사가 나를 믿고 지지해줄 것으로 판단되면 정면 돌파를 시도해볼 수 있다. 업무와 직접적으로 연관 있는 상사가 나의 억울함을 이해한다면 문제는 의외로 쉽게 풀릴 것이다. 이와는 반대로 공정하게 상황을 판단해야 할 책임자가 상대방의 주장에만 귀를 기울이는 편협한 태도를 보인다면 어떻게 해야 할까. 씁쓸하지만 혼자 삼키고 넘어가는 수밖에 없다.

싸움에는 반드시 이겨야 할 싸움이 있고 져도 진 게 아닌 싸움도 있다. 세상 모든 일은 끝날 때까지 끝난 게 아니다. 가치 없는 싸움에 매달려 고군분투하느니 일단 자존심을 접어두고 차후에 실력으로 승부하는 것이 현명한 방법이다.

" 중요한 건 논리 싸움이다. 논리 싸움에서 밀리면 제아무리 목소리 큰 사람도 백기를 들고 떠드는 것이나 마찬가지다. **"**

6

...

화자의
희로애락에
공감하라

비즈니스 관계로 오랜만에 만난 상대의 안색이 그날따라 몹시 피곤해 보인다. 이럴 때 건넬 수 있는 인사말로 대략 두 가지 화법을 생각할 수 있다.

A : "혹시 어디 편찮으십니까?"
B : "요즘 많이 바쁘신 모양입니다."

언뜻 보면 그 말이 그 말 같지만, 듣는 사람의 입장에 따라 전혀 다른 기분을 느끼게 할 수 있다는 것을 염두에 둬야 한다.

안색이 안 좋아 보이는 것은 건강상의 문제일 수도 있고 피로에 따른 것일 수도 있다. 일반적으로 사람들은 자신의 건강 상태에 대해 남들이 부정적으로 말하는 것을 별로 달가워하지 않는 경향이 있다.

만일 건강에 문제가 있다 해도 A는 가까운 사이에서나 건넬 수 있는 인사말이다. 상대방이 원치 않는 화제를 입에 올리는 것은 예의에 어긋난다.

이 경우 예상 가능한 대화는 다음과 같다.

"왜요?"

"얼굴이 많이 안 좋아 보여서요."

"난 괜찮은데……."

인사는 이쯤에서 끝나기 마련이다. 이제 본론으로 넘어가야 하는데, 대화가 순조롭게 진행될 것 같지는 않다. 초장부터 서먹해진 이 분위기를 어쩔 것인가.

같은 상황, B의 경우에는 이야기가 달라진다. '요즘 많이 바쁘신 모양'이라는 말에도 상대방의 안색이 좋지 않은 데 대한 염려가 포함돼 있다. 하지만 그러면서도 건강상의 문제를 직접적으로 거론하지 않음으로써 프라이버시를 보호해주는 측면이 있다.

이 인사말은 분위기를 해치지 않으면서 자연스럽게 본론으로 진입할 수 있게 해준다. 이를테면 다음의 대화를 예상할 수도 있다.

"왜요?"

"얼굴이 안 좋아 보여서요. 워낙 능력자시니 쉬엄쉬엄해도 될 텐데요."

"하하! 농담은 여전하시군요. 그럼 일 얘기를 해볼까요?"

이처럼 상대방의 희로애락에 공감하는 화법은 친밀감을 높이고 서로에 대한 호감과 신뢰를 쌓게 하는 장점이 있다.

좋은 대화에 특별한 기술이 필요한 것은 아니다. 우리가 익히 아는 몇 가지 규칙만 지킨다면 누구와도 좋은 대화를 이어갈 수 있다. 결국은 대화도 일상생활의 한 부분이다.

한 사람이 무슨 일에 몹시 화가 나 있다. 이럴 때 그가 자신의 감정을 이야기하는 것은 공감해줄 대상이 필요하기 때문이다. 여기에 논리나 이성이 끼어들 여지는 많지 않다.

"운전을 왜 그따위로 하는지 모르겠어!"

도로를 한참 달리던 중 갑자기 끼어든 차 때문에 큰 사고가 날 뻔했던 동료는 사무실에 도착해서도 여전히 화가 나 있다.

평소 그의 운전습관이 그리 좋은 편은 아니었으며, 어쩌면 다른 차 운전자만 잘못한 게 아닐 수도 있다. 그렇더라도 이 대목에선 무조건 동료가 우선이어야 한다.

"언젠가는 사고 칠 줄 알았어. 그러니까 조심 좀 하라고."

아무리 진심에서 우러나오는 걱정이라도 이런 말이 상대의 귀에 들릴 리 없다. 영양가 없는 충고는 차라리 안 하느니만 못하다. 만약 적극적으로 위로해주고 싶은 마음이 들지 않는다면, 이 한마디로 족하다.

"다친 덴 없고?"

사기를 당하고 상심해서 두문불출하고 있는 사람에게 친구들이 찾아왔다. 이때 가장 위로가 되는 말은 다음 중 어느 것일까.

A : "모든 게 인과응보야. 뭐 잘한 게 있다고 이러고 있냐? 바보같이 굴지 말고 정신 차려."

B : "어쩌다 사기를 당했어? 자세히 좀 말해봐."

C : "사기를 당했다고 인생 끝나는 거 아냐. 그 자식, 어떻게든 찾아내자."

D : "이왕 엎질러진 물인데 훌훌 털어버려."

A는 부모 자식 사이에서나 할 수 있는 위로다. 아무리 친구라도 아직 충격에서 헤어나지 못한 상대를 위로하기에는 부적절한 비유다. 사기를 당한 입장에서 '인과응보'라는 말만큼 뼈저리게 다가오는 비난도 없을 것이기 때문이다. 이런 말은 일이 어느 정도 해결된 뒤에 건네도 늦지 않다.

B는 아픈 상처에 소금 뿌리는 격이다. 어차피 당한 일을 꼬치꼬치 캐물어서 어쩌겠다는 것인가. 위로라기보다는 단순한 호기심에 가까운 말로 들릴 위험이 있다.

D는 당장 실천하기는 어렵지만 그나마 위안이 될 수 있는 말이다.

넷 가운데 상대방의 입장에서 가장 힘이 되는 말은 C처럼 실질적으로 위안이 되는 말이다. 결과야 어찌 되든 상관없다. 나중 일은 차치하더라도 자신의 심정을 누구보다 잘 이해해주는 말이기 때문이다.

나쁜 일을 겪은 사람에게 그 일을 다시 곱씹게 하는 대화는 되도록 피하는 게 좋다. 상대방이 처한 상황과 감정에 공감하고 있는 느낌만으로도 충분히 위로가 된다.

"괜찮아."

때론 백 마디 말보다 이 한마디가 상대방이 듣고 싶은 말의 전부일 수도 있다.

공감의 언어는 생각보다 힘이 세다. 한창 사랑에 빠져 있는 상대의 이야기를 적극적으로 들어주는 것만으로도 충분한 교감이 이루어지기도 한다. 이때의 대화는 오로지 상대가 혼자 떠드는 일방통행 성격을 띠지만, 당사자는 그것을 의식하지 못할 만큼 이야기의 재미에 푹 빠져 있는 경우를 볼 수 있다.

무조건 맞장구를 치는 것이 공감의 본뜻은 아니다. 간혹 서로 알고 지내는 누군가에 대한 험담이 화제에 오를 때가 있다. 이때 상대의 심리에 공감하는 것만큼이나 중요한 일이 바로 균형을 유지하는 것이다.

"그 친구 아무리 봐도 재수 없어."

이런 식의 감정적 언사에 공감을 표하려고 섣불리 험담에 동참하는 것은 옳은 방법이 아니다. 둘 사이에 중재자 노릇을 할 필요도 없다. 인간관계란 한 치 앞을 모르는 경우가 허다하다.

괜히 잘못 끼어들었다가는 오히려 어느 한쪽에게 원망을 듣거나, 둘은 단짝이 되고 나 혼자만 남게 될 수도 있다. 이야기는 들어주되 적당한 선에서 맞장구를 치는 것도 공감을 표현하는 한 방법이다.

"너무 스트레스 받지 마. 정신건강에 안 좋아."

공감하려는 노력이 지나치면 아부가 되기 쉽다. 무턱대고 상대의 이야기에 동조하는 것은 듣기에도 안 좋다. 그렇게 하면 상대는 건성으로 대꾸한다는 느낌을 받기 쉽다.

진심으로 공감을 표현하고 싶다면 진심으로 대하면 된다. 긍정의 눈으로 보고 긍정의 귀로 경청하다 보면 반드시 공감 포인트가 생긴다.

❝ 나쁜 일을 겪은 사람에게 그 일을 곱씹게 만드는 대화는 되도록 피하는 게 좋다. 상대방이 처한 상황과 감정에 공감하고 있다는 느낌만으로도 충분히 위로가 된다. ❞

7

...

상대방의
자존심을
보호하라

대화를 하다 보면 아무리 궁금해도 해서는 안 되는 민감한 질문이 있다. 예를 들어 상대방의 연봉이나 경제 상황, 신체적 약점 등은 저쪽에서 먼저 말하지 않는 이상 화제에 올리지 않는 것이 옳다. 또 남녀를 불문하고 신체 사이즈를 물어보는 것은 예의가 아니다.

웬만해선 가족 이야기를 하지 않는 사람에게는 그 나름의 사정이 있기 마련이다. 그런데 조언을 구한답시고 시시콜콜 질문을 해댄다면 난감한 일이다.

사적인 질문일수록 특히 신중히 해야 한다. 무심코 툭툭 내뱉는 단어 하나가 상대방에겐 상처가 되기도 한다. 특히 여러 사람과 대화할 때는 가볍게 던진 농담이나 유머가 어느 한 사람을 희생양으로 만드는 일이 없게 유의해야 한다.

어느 회사의 신입사원을 위한 회식 자리.

"집은 어디야?"

"방배동입니다."

"혼자 살아?"

"아뇨, 부모님과 함께 삽니다."

"뭐야, 이 친구 캥거루족이잖아?"

"부모님은 뭔 죄냐?"

"아직 엄마 젖을 못 떼서요."

좌중에 한바탕 웃음이 터지는 것까지는 좋았다.

"참, 자네도 부모님 집에서 같이 산다며?"

이 말에 갑자기 모두의 시선이 한곳으로 집중되었다. 부인과 사별한 뒤 아이를 혼자 키우기 힘들어 부모님 집에 들어가 사는 직원이었다.

곤혹스러워하는 기색의 그에게 다른 동료가 물었다.

"그래? 난 여태 모르고 있었는데, 언제부터야?"

"한 일 년쯤……."

상황을 몰랐더라도 이쯤에서 화제를 돌려야 했다. 그런데 안타깝게도 질문은 여기서 멈추지 않고 한 발 더 나가고 말았다.

"모시고 사는 거야, 얹혀사는 거야?"

웃자고 한 소리라면 코드를 잘못 맞춰도 한참 잘못 맞춘 질문이다. 설사 악의가 없었다 해도 이것은 여러 사람이 모인 자리에서 할 말이 아니다.

누구나 자신의 좋은 면만을 보여주고 싶은 욕구가 있다. 또한, 약점까지는 아니라도 굳이 떠올리고 싶지 않은 이야기가 있다. 이럴 땐 알아도 모르는 척하고, 궁금해도 그냥 넘어가 주는 게 상대에 대한 배려다.

"일을 왜 그 지경으로 만들어!"

부장이 복도에서 누군가를 야단치고 있다. 우연히 한 직원이 그 장면을 목격했다. 무슨 일인지 모르지만, 곤욕을 치르고 있는 사람은 그 직원의 사무실 동료였다.

한참 뒤 제자리로 돌아온 동료는 아무 일 없었다는 듯 일에 열중했다.

"무슨 일이야?"

"뭐가?"

"아까 부장하고……."

"별일 아니야."

상대는 별일 아니라고 하지만 그게 어디 보통 일인가. 여간 해선 직원을 야단치는 법 없는 부장이 그렇게 화낸 걸 보면 사고도 대형사고가 분명하다.

"별일 아닌 게 아닌 것 같은데?"

"자네하고 상관없는 일이야."

상대는 딱 잘라서 더 이상의 관심은 사양한다는 신호를 보낸다. 경계를 넘지 말라는 뜻이다. 하지만 때때로 몹쓸 호기심이 관계를 망치기도 한다.

"그러지 말고 나한테만 살짝 얘기해주면 안 될까? 비밀은 꼭 지킬 테니."

결국, 이 오지랖 넓은 동료는 넘지 말아야 할 선을 넘어버렸다. 상대가 아무 말도 하지 않았는데 비밀 운운하며 범죄자 취급을 해버린 것이다.

"내 딴에는 도와주고 싶었을 뿐인데……."

이미 상황이 틀어질 대로 틀어진 다음에는 아무리 후회해도 소용없다. 차라리 어깨나 한번 두드려주고 마는 게 나을 뻔했다.

가능하면 피하고 싶은 주제를 자꾸 입에 올리는 것만큼 불쾌한 대화는 없다. 상대를 도발할 의도가 아니라면 아무리 궁금해도 입을 닫는 게 옳다. 과도한 관심은 좋은 인간관계를 가로막는 장벽이 될 수도 있다.

혼자 있고 싶다는 사람에게 왜 혼자 있고 싶은지 캐묻는 것만큼 부담스러운 질문도 없다.

"백지장도 맞들면 낫다고 하잖아요."

이 말이 언제 어디서나 누구에게나 유용할 것이라는 착각은 금물이다. 혼자만의 고민을 안고 있는 사람의 문제 해결에 개입할 수 있는 건 상대방이 먼저 도움을 요청했을 때뿐이다.

또한, 상대가 어느 정도 문제를 털어놓았을 경우에도 간섭이 지나치지 않도록 주의해야 한다. 이사철을 앞두고 고민하는 동료가 있다.

"봐둔 집은 있고?"

"아직."

"우리 동네는 어때?"

"거긴 집값이 너무 비싸잖아."

상대가 난색을 표하는 것은 돈 때문이다. 이럴 때 본인이 현실적으로 도움을 줄 처지가 아니라면 어떤 제안이든 신중하게 해야 한다. 아무리 친한 동료라도 집안 사정까지 속속들이 알 수는 없는 법이다.

"회사에서 대출을 좀 받지 그래?"

"이미 받았어."

"언제?"

"전에……."

질문으로 이어갈 수 있는 대화는 여기까지가 적당하다. 대출을 얼마나 받았는지, 그걸 어디에 썼는지 물어볼 필요도 알아야 할 이유도 없기 때문이다. 이 상황에서 최악의 화법은 도움을 주지도 않으면서 충고나 훈계조의 말을 내뱉는 것이다. 즉, "그러게 진작 대비를 해야지" 하거나 "직장생활 하면서 그 정도도 못 모으고 뭐 했어" 하고 말하는 것이다.

마음을 터놓고 지내는 사이에도 보호해줘야 할 영역은 있다. 그 영역을 침범하는 순간 마음의 문도 닫혀버린다. 상대방의 자존심이 걸린 얘기를 굳이 건드려서 득이 될 것은 전혀 없다. 이럴 때는 대화를 살짝 비껴가는 것도 분위기를 어색하게 만들지 않는 한 방법이다.

"대체 이놈의 집값은 왜 이렇게 하늘 높은 줄 모르는 거야!"

❝ 혼자만의 고민을 안고 있는 사람의 문제 해결에 개입할 수 있는 건 상대방이 먼저 도움을 요청했을 때뿐이다. **❞**

제 2 장

사람을 내 편으로 만드는 대화의 원칙

상대방을 배려하며 비평하는 7가지 기술

1. "자넨 정말 괜찮은 친군데, 이런 모습은 좀 의외더군."
   진심에서 우러나오는 칭찬과 격려의 말부터 시작하라.

2. "나라면 이렇게 할 텐데⋯⋯."
   잘못에 대해 주의를 환기시킬 때는 간접화법을 사용하라.

3. "나도 이런 실수 자주 하는 편인데⋯⋯."
   남을 비난하기에 앞서 자신의 과오를 공개하여 상대의 자존심을 보호하라.

4. "요즘 뭐 신경 쓰이는 일 있나?"
   조언을 하기 전 상대의 근황을 점검하고 위로와 격려의 화법을 사용하라.

5. "이건 자네가 착각한 거지?"
   상대방의 체면을 살려가며 비판하라.

6. "다른 사람도 아니고 자네가 이런 실수를 했다니 화가 나서 그래."
   그가 본인의 능력에 대해 자신감을 갖도록 격려하라.

7. "내가 늘 지켜보고 있는 거 잘 알지? 앞으로 실망시키지 말아줘."
   자발적으로 협력하도록 충고하라.

1

. . .

푸념을 들어주는 건
그 자리에서
끝내라

직장에서 동료는 가족과 같은 존재다. 퇴근 후 시간을 제외하곤 하루의 대부분을 동료들과 함께 지낸다. 그런 만큼 직장 생활의 스트레스에 대해선 가족보다 더 깊이 이해하는 사이일 수도 있다.

회사에서 힘든 일이 있어도 다른 사람들 앞에선 제 얼굴에 침 뱉는 격이라 말하지 못할 때가 많다. 그러면서도 동료들에 겐 허심탄회하게 털어놓을 수 있는 것은 어차피 한배를 탄 식구라는 믿음이 있기 때문이다. 때론 한솥밥 먹는 식구끼리 직장인의 비애를 논하며 얄미운 상사 욕이라도 실컷 하고 나면 스트레스가 확 풀린다고 하는 사람도 있다.

그런데 동병상련의 심정으로 동료들 간에 위안 삼아 주고받은 말에도 가끔 부작용이 따른다.

"아무래도 나, 이 직장 오래 못 다닐 것 같아."

술자리에서 직장 동료가 푸념을 늘어놓는다. 그는 금방이라도 사표를 던질 것처럼 심각한 표정을 짓지만, 정말 회사를 그만둘지 아닐지는 시간이 지나봐야 안다.

사실 언제든 수틀리면 보란 듯이 자리를 박차고 나가고 싶다는 생각은 직장생활을 하며 누구나 한두 번쯤 해보기 마련이다. 하지만 이건 어디까지나 홧김에 드는 생각일 뿐이다. 술 먹다가 내뱉은 말은 자고 나면 까맣게 잊어버리고, 다음 날이면 언제 그랬냐는 듯 새로운 마음가짐으로 출근해 책상 앞에 앉게 되는 게 어쩔 수 없는 샐러리맨의 현실이다.

그런데 만약 누군가가 술 먹으며 했던 말을 기정사실처럼 사내에 퍼뜨린다면 어떻게 될까? 단지 그 순간의 감정에 취해 믿거니 하고 떠들었던 이야기가 윗사람들의 귀에라도 들어가면 당사자는 곤경에 빠질 수밖에 없다.

실제로 어느 회사에서 있었던 일이다. 박 과장은 입사 동기로 평소 친하게 지내는 정 과장에게 조만간 독립을 할지 모른다고 말해주었다. 박 과장은 회사에 큰 불만이 있는 것도 아니고 사내 평판도 좋은 편이었지만, 최근 베트남을 대상으로 무역회사를 차린 친구의 동업제의를 단칼에 거절하지 못하고 있었다.

친구는 그에게 평생 남의 밑에서 일하는 샐러리맨으로 살 수는 없지 않겠느냐며 적극적으로 러브콜을 보내왔고, 사업전망도 확실해 보였다. 박 과장으로서는 귀가 솔깃해질 만한 제안이었지만, 한편으론 경험도 없이 사업에 뛰어든다는 게 불안한 것도 사실이었다. 그래서 이래저래 마음이 흔들리던 차에 정 과장에게 의논 삼아 말을 꺼냈던 것이다.

그런데 하루는 부장이 박 과장을 불렀다.

"곧 회사를 그만둘 거라던데 사실인가?"

박 과장은 순간 할 말을 잃었다. 어떻게 알았는지 부장은 그가 친구와 동업하기로 했다는 이야기를 기정사실로 받아들이는 눈치였고, 이미 후임자까지 물색하고 있었다.

"아무리 회사에 불만이 많아도 그렇지, 이런 식으로 당황하게 만들 줄은 몰랐네. 조건이 좋은 데로 떠나는 것은 어쩔 수 없다지만, 적어도 결정을 하기 전에 나한테만은 미리 얘길 해 줬어야 대비를 할 게 아닌가?"

아직 결정된 게 아무것도 없는데, 부장은 언짢은 심기를 노골적으로 드러냈다. 이렇게 된 이상 박 과장은 회사를 나가기 싫어도 나가야 할 판국이었다.

대체 누가 소문을 낸 걸까. 박 과장으로선 당연히 정 과장을 의심할 수밖에 없었다. 그가 회사를 그만두게 될지도 모르겠다는 말을 한 사람은 정 과장뿐이었기 때문이다.

"부장한테 자네 얘길 한 건 사실인데, 난 그런 뜻으로 한 게 아니었어."

예상대로 범인은 정 과장이었다. 하지만 그는 사석에서 부장과 이런저런 얘기 끝에 '요즘 박 과장이 고민이 많은 것 같다'

고 했을 뿐이라고 했다. 제 딴에는 잘나가는 친구에게서 동업 제의를 받고도 의리상 회사를 떠나지 못하는 박 과장의 입장을 세워주려고 했다는 것이다. 그 말이 진심이었는지는 알 수 없지만, 어쨌든 박 과장은 울며 겨자 먹기로 회사를 떠나야 했다.

자기는 남을 위해서 한다고 하는데 정작 남에게나 자기 자신에게나 백해무익한 일을 하는 사람이 있다. 정 과장이 바로 그런 유형이다. 그가 악의 없이 흘린 정보는 결국 박 과장을 궁지로 몰아넣고 말았다.

믿었던 사람에게 이런 식으로 뒤통수를 맞으면 누구나 원망스럽고 허탈한 기분이 들 것이다. 따지고 보면 남의 일에 지나치게 관심을 가지는 것도 병이다. 동료로서, 친구로서 잘되길 바라는 마음에서 한 행동이라 해도 경우에 따라선 상대방에게 해가 될 수도 있다. 본인이 직접 부탁하지 않을 때는 알아도 모르는 척하는 것이 상대방에 대한 예의이자 배려다.

특히 당사자가 없는 곳에선 자신이 알게 된 사적인 비밀이나 정보에 대해 반드시 입을 다물어야 한다. 남의 말이 내 입을 건너 제삼자에게 전해질 때는 제멋대로 왜곡되거나 악용될 소지도 다분하기 때문이다. 결국, 소문이 커지면 그 책임을 고스란히 떠안게 된다.

기껏 남에게 좋은 일을 해주고도 말 한마디를 잘못해서 원망이나 듣는 경우도 있다.

"말도 마. 그 친구, 지금은 잘나가지만 작년까지만 해도 고생이 참 많았지. 옆에서 지켜보기가 하도 딱해서 여기저기 다리를 놓아준 것만도 한두 번이 아니야. 나야 뭐, 사심 없이 도와준 거니까 사업이 잘된다는 얘기만 들어도 기분이 좋지만, 그 친구 아마 혼자선 일어서기 힘들었을 걸?"

평소 자기가 남을 위해 대단한 일을 해준 것처럼 떠벌리고 다니는 사람들을 보면 말로는 사심이 없다고 하면서도 은근히 생색내기를 좋아하는 유형이 많다. 또 자세히 얘기를 들어보면 도움이랄 것도 없는 일을 가지고 부풀려서 말하는 경우도 많다. 남이 잘된 게 모두 자기 덕분인 것처럼 과장하는 사람일수록 막상 무슨 일을 맡겨보면 제대로 처리하지 못하는 경우가 많다. 그러면서도 사람들이 자신을 알아주지 않는다는 불평불만을 입에 달고 산다.

"항상 술 마시는 자는 그 맛을 모르고, 항상 지껄이는 인간은 생각을 하지 않는다."

새삼 볼테르Voltaire의 이 명언을 떠올릴 것도 없다. 스스로 자신을 높이는 사람치고 재능이 뛰어난 사람은 드물다. 남에게 그만한 평가를 받으려면 입보다 행동에 무게가 있어야 한다. 자기 자신에 대한 평가는 어디까지나 주변 사람들의 몫이다.

> 66 잘되길 바라는 마음에서 한 행동이라 해도 상대방에게 해가 될 수도 있다. 본인이 직접 부탁하지 않을 때는 알아도 모르는 척하는 것이 상대방에 대한 예의이자 배려다. 99

2

...

원하는 게 있으면
솔직하게 속마음을
드러내라

모든 일에는 대가가 따르지만 서로 생각하는 방향이 일치하지 않는 경우도 있다. 금전적인 대가를 바라고 한 일이라면 솔직담백하게 자신의 속마음을 드러낼 필요가 있다.

원하는 게 따로 있으면서 상대방이 알아서 해주겠거니 하고 처분만 기다리다가는 반드시 불협화음이 생긴다. 상대방은 단순한 호의로 받아들여 물질적 보상까지는 미처 생각지 못할 수도 있다. 그런데 일이 잘 풀리도록 도와준 사람이 처음엔 아무 것도 바라는 게 없는 것처럼 하다가 갑자기 상대방을 배은망덕한 인간으로 몰아 험담을 하고 다니는 것만큼 볼썽사나운 일도 없다. 피차 선의로 시작된 일이 악연으로 끝나버리는 것은 신중하지 못한 말 때문이다.

모든 사람이 전부 나에게 선의를 가지고 접근하는 것은 아니다. 개중에는 은근슬쩍 남의 성과에 편승해 이득을 취하려다가 결과가 잘못되면 자신이 피해자인 양 떠들고 다니는 사람들도 있다.

동업이나 협업의 결과가 좋지 않을 때 이런 일이 종종 발생한다. 설사 기대했던 것만큼 성과를 얻지 못했다 해도 남에게 책임을 전가시키는 행동은 자신을 더 초라하게 만들 뿐이다. 굳이 내 입으로 떠들지 않아도 진실은 언젠가 드러나기 마련이다. 품격이란 스스로 지켜야 하는 것이다. 아무리 사소한 일이라도 타인을 비방하는 말의 화살은 결국 자신을 향한다는 것을 잊지 말자.

귀가 얇은 사람이 남 탓도 잘한다. 매사에 중심을 잃으면 사람이 가볍다는 인상을 주기 마련이다. 진정한 자존감은 어떤 경우에도 자신의 품격을 떨어뜨리지 않는 데서 나온다. 사람들의 달콤한 위안에 현혹되기 전 먼저 자신을 돌아볼 줄 아는 사람은 함부로 남을 험담하거나 쓸데없이 불평을 늘어놓지 않는다.

"나는 이렇게 사람들을 위해 애쓰는데 어째서 좋은 소릴 못 듣는 것일까?"

푸념을 내뱉기 전에 자신의 행동을 진지하게 돌아보라. 혹시 호의를 베푼다고 하면서 우월감에 빠져 있었거나 섣부른 생색내기에 급급했던 것은 아닐까?

세상에는 누구나 친하게 지내고 싶어 하는 사람이 있는가 하면, 여간해선 먼저 손을 내밀기가 꺼려지는 사람도 있다. 전자의 경우는 항상 마음을 열어놓기 때문에 섣부른 편견 따위로 사람을 평가하려 하지 않는다. 그러므로 누구라도 쉽게 다가가 친구가 될 수 있다. 이런 사람과는 무슨 말을 해도 뒤끝이 투명하다. 사소한 일에서부터 상대를 존중하는 마음의 자세가 갖춰져 있기 때문에 누구를 만나도 좋은 친구가 될 수 있는 사람이다.

후자의 경우는 누군가가 호감을 갖고 접근한다 해도 얼마 안가 만남을 기피하려 든다. 이런 사람과는 무슨 말을 해도 마음이 편치 않다. 쓸데없이 남의 험담을 즐기며 불평불만을 늘어놓는 유형이다. 남을 비난하는 데는 선수지만, 좀처럼 누굴 칭찬하는 모습을 보기 힘들다.

입만 열면 부정적인 이야기를 늘어놓는 사람과는 아무래도 길게 말 섞기가 부담스러울 수밖에 없다. 이런 사람의 주변을 자세히 살펴보면 대개 이해관계에 얽매인 사람들뿐이다. 좋은 친구가 남아날 수가 없는 것이다.

❝ 매사에 중심을 잃으면 사람이 가볍다는 인상을 주기 마련이다. 진정한 자존감은 어떤 경우에도 자신의 품격을 떨어뜨리지 않는 데서 나온다. **❞**

3

...

좋은 생각이
좋은 말을
낳는다

어느 날, 모 여성 탤런트가 홍대 근처를 걷고 있었다. 마침 옆을 지나던 젊은 여성들이 그녀를 알아보고는 힐끗힐끗 곁눈질을 하며 수군거렸다.

"어머, 쟤 탤런트 S잖아? 근데 실물이 TV보다 못하네."

그 말을 듣고 당사자는 내심 기분이 언짢았다고 한다. 그녀는 같은 말이라도 "TV 쪽이 훨씬 근사하다"고 표현했다면 방송을 업으로 삼는 연예인의 입장에서 기분이 덜 상했을 것이라고 했다. 제삼자가 듣기엔 그 말이나 그 말이나 좋은 뜻이 아닌 것은 마찬가지인데, 오죽 상처를 받았으면 그런 생각을 했을까 싶다.

물론 보는 사람의 입장에서 실물이 TV보다 못하게 느껴질 수는 있다. 그렇더라도 굳이 당사자 앞에서 안 좋은 소릴 하는 것은 악취미라고 볼 수밖에 없다.

대기업에 근무하는 친구가 지방으로 발령이 났다. 이유도 모르면서 동창들이 하는 말들은 제각각이다.

"갑자기 지방으로 밀려나다니, 본사에서 단단히 잘못한 게 있나 보군."

"지방으로 간다고 해서 꼭 안 좋은 일은 아닐 거야. 그 친구 워낙 능력이 뛰어나서 사고수습반 같은 걸로 뽑혀가는 건지도 모르잖아?"

만약 당사자가 이 말을 들었다면 어떤 기분이었을지 짐작하고도 남는다. 별 뜻 없이 하는 말이라도 좋은 생각에서 나온 말은 덕담이 되고 부정적인 생각에서 나온 말은 악담이 된다.

지인을 문병하러 갔다가 인상적인 장면을 보았다. 같은 병실에 있던 60대 남자는 말기 암 환자였다. 수술을 하루 앞둔 그는 음식을 입으로 넘기지 못하는 상태였다. 듣기로는 수술을 해도 완전히 회복될 가능성은 거의 없다고 했다. 이미 그 사실을 알았던지 그를 찾아오는 문병객들마다 빈손이었다.

"이거 할아버지가 좋아하시는 녹차 케이크예요. 냉동실에 넣어둘 테니까 수술 끝나면 드셔야 해요?"

환자의 손녀로 보이는 여중생이 케이크 상자를 들고 나타났다.

간병하던 환자의 부인은 케이크 상자를 보고 억장이 무너지는지 한숨을 내쉬었다. 환자는 수술이 끝난 뒤에도 손녀가 사온 케이크를 영영 먹지 못하게 될 수도 있다. 부인의 한숨에는 그런 절망이 깊게 배어 있었다. 그러나 케이크 상자를 넣으려고 냉동실 문을 여는 손녀를 바라보는 환자의 표정에는 분명 삶에 대한 의지가 드러났다. 이처럼 아름다운 말 한마디는 죽음을 앞둔 환자에게도 희망을 주는 힘이 있다.

사람과 사람 사이를 행복하게 만드는 데 필요한 기술 가운데 가장 쉬운 것은 선의를 담은 말 한마디다. 기분 좋은 말은 상대방에게 웃음을 주는 최고의 선물이다. 사소한 말 한마디라도 신중하게 가려 할 줄 아는 사람은 절대 남을 힘들게 하지 않는다.

신중한 태도는 말을 하는 사람뿐만 아니라 듣는 사람에게도 필요하다.

"오후에 뭐 바쁜 일 있어?"

토요일 퇴근 무렵, 사내에서 중요한 업무를 맡은 동료가 말을 걸었다. 마감일이 임박하니 자신의 일을 도와달라는 뜻에서 일정을 묻는다고 생각한 상대는 발뺌을 하기 위해 일단 거짓말로 연막을 쳤다.

"응, 오늘 장모님 생신이라 지방에 가야 해. 왜, 무슨 일인데?"

"이거 아쉽게 됐네. 나한테 구하기 힘든 뮤지컬 티켓이 생겼는데, 마침 급한 약속이 생겨서 말이야. 하필 공연 시간과 겹치지 뭔가? 그래서 자네한테 선물할까 했지."

아차, 하는 순간 때는 이미 늦었다. 섣부른 피해의식 때문에 귀한 티켓은 보기 좋게 남의 손에 넘어가 버렸다.

성질이 급하거나 감정 기복이 심한 사람은 여러 가지 면에서 손해를 볼 수밖에 없다. 우선 흥분하면 모든 것을 자기중심적으로 판단하는 경향이 있기 때문에 안하무인으로 행동하기 쉽다. 특히 신경질적인 기질이 다분한 사람은 이런 경우 속수무책이다. 이런 사람은 기분이 좋다가도 조금 비위가 상하면 태도가 돌변해 갑자기 표정이 험악해지고 버럭 화를 내며 감정을 폭발시키는 습성이 있다. 그렇기 때문에 한 번 기분이 틀어졌다 하면 정상적인 대화가 불가능하다.

이런 사람과의 대화는 언제 뇌관이 터질지 모르는 수류탄을 손에 쥔 것처럼 아슬아슬하다. 항상 분위기를 봐가며 말을 가려서 하지 않으면 예상치 못한 덤터기를 쓰게 될 수도 있다.

"오늘 뭐 좋은 일 있어? 쫙 빼입은 걸 보니 뭔가 수상한데?"

옆자리 동료가 악의 없이 건넨 말도 자칫하면 화근이 된다. 평소에는 "일은 무슨……" 하며 무덤덤하게 넘기던 사람이 갑자기 태도가 돌변해 화를 내며 맞받아친다.

"지금 나랑 농담 따먹기를 하자는 거야, 뭐야? 그럼 언제는 내가 꾀죄죄했단 말이야? 사람을 뭐로 보고 그따위 소릴 해?"

이럴 때는 둘 다 그날 일진이 나빴던 것이다.

급한 성격은 선천적으로 타고나는 게 아니라 성장 과정에서 그렇게 길들여지는 것이라고 한다. 또 어쩌다 만만한 상대를 만나면 그런 성격이 불쑥 나타나기도 한다. 공연히 애꿎은 희생양이 되지 않으려면 이런 사람과는 거리를 두는 게 상책이다. 쉽게 화내는 버릇, 모든 것을 자기 위주로 판단하고 선의를 악의로 매도하는 부정적인 화법은 타인의 인격을 소중히 여기지 않는 이기적인 생각에서 나온다.

내가 대접받기를 원하는 만큼 남들도 대접받고 싶어 한다. 자기 자신은 악의 없이 한 말이라면서 상대방의 기분이 상한 것에는 아랑곳하지 않는 것은 상식 없는 행동이다. 그런 사람이 정작 남이 무심코 던진 말에는 민감하게 반응하는 것을 보면 가까이하고 싶은 마음이 없어진다. 결국, 사람늘 속에서 자신을 스스로 고립시키는 것은 자신이 마음을 넓게 가지지 못한 탓이다. 설령 상대의 말투나 행동이 비위에 거슬리고 오해의 소지가 있다 해도 거슬리는 것만 보지 않도록 노력하자. 좋은 뜻을 가지고 다시 생각해보면 이해하지 못할 게 없다.

술집에서 어떤 사람이 빤히 쳐다보고 있었다. 성질 급한 당사자는 자기를 노려본다고 생각해서 다짜고짜 다가가 시비를 걸었다.

"뭐야? 왜 알지도 못하는 사람이 자꾸 기분 나쁘게 꼬나보는 거야? 당신 나한테 불만 있어?"

알고 보니 상대는 초등학교 동창이었다. 어쩐지 낯이 익은 것 같아 눈길을 거두지 못했던 것인데, 이쪽에서는 자신을 노려보고 있다고 생각한 것이다. 엉뚱한 상대와 시비가 붙어 경찰서로 직행하게 되는 불상사의 이면을 들여다보면 대부분 사소한 언쟁이 발단이 된 경우가 많다. 매사를 삐딱하게 보기 시작하면 끝이 없다.

"현명한 자의 입은 마음속에 있고, 어리석은 자의 마음은 입 안에 있다."

쓸데없이 화를 잘 내는 사람이 가슴 깊이 새겨야 할 명언이다.

> 내가 대접받기를 원하는 만큼 남들도 대접받고 싶어 한다. 자기 자신은 악의 없이 한 말이라면서 상대방의 기분이 상한 것에는 아랑곳하지 않는 것은 상식 없는 행동이다.

4

· · ·

비난을 하기 전에
상대의 입장부터
생각하라

명절이 다가오면 며느리들은 누구랄 것 없이 심적 부담을 갖기 마련이다. 직장생활을 하는 아내가 남편에게 은근히 투정을 부렸다.

"연휴도 길지 않은데 꼭 시골에 가야 하나? 우리가 장남도 아니고……. 성묘는 미리 다녀왔으니 이번엔 집에서 좀 쉬었으면 좋겠네."

"이 여자가 정신이 나갔나? 그깟 돈 좀 번다고 이젠 시댁도 우습다는 거야, 뭐야?"

"무슨 말을 그렇게 해요?"

"그렇게 힘들면 직장이고 뭐고 다 때려치우란 말이야! 왜 남들 다 고향 가는 명절에 당신만 희생하는 것처럼 생색을 내느냐고?"

첫 단추를 잘못 끼운 대화는 곧 싸움으로 이어졌다.

"실속도 없이 큰소리는! 당신이 가장 역할을 제대로 하는 게 뭐가 있는데? 남편이 돈을 잘 벌어다 주면 마누라가 힘든 직장 생활을 왜 해? 결혼해서 지금까지 죽어라 고생만 시킨 주제에! 나도 이제 더 이상 못 참아."

아내의 독설이 터져 나오자 여지없이 남편의 반격이 시작된다.

"참고 살지 않으면? 이혼이라도 하겠다는 거야? 누군 뭐 당신 같은 여자랑 살고 싶어서 사는 줄 알아? 분수 모르는 소리 좀 작작해. 당신이야말로 도대체 뭐 하는 여자야? 허구한 날 꼴 같지 않은 직장 다닌답시고 식구들 밥을 제때 챙겨 먹이나, 애들 교육을 제대로 시키나…… 잘한 것도 없으면서 그저 입만 살았지. 그래, 내가 고생시켜서 여태 밥이라도 굶었냐? 뭐 대단한 일 한다고 주제넘게 큰소리야?"

"부부싸움은 칼로 물 베기"라는 속담도 있지만, 차마 입에 담지 못할 말을 지껄이며 부부싸움에 열 올리는 사람들을 보면 처량한 기분마저 든다. 분명 그들에게도 서로 아끼고 열렬히 사랑하던 때가 있었을 텐데 왜 그렇게 험한 말을 거침없이 쏟아내며 싸우는 것일까.

그런데 이상한 것은 이렇게 서로의 약점을 사정없이 들쑤시며 말다툼을 하는 당사자들은 의외로 담담한데, 주변에서 그들을 지켜보는 사람들이 오히려 더 불안해한다는 점이다. 어쩌면 당사자들은 평소에 쌓인 스트레스를 그런 식으로 해소하고 있는지도 모른다. 그러나 곁에서 보면 금방이라도 물고 뜯고 소란을 피울 것 같은 험악한 분위기에 숨이 막힌다.

이 부부의 경우, 처음부터 남편이 조금만 마음을 넓게 써주었다면 아내의 푸념이 살벌한 악담으로 이어지지는 않았을 것이다.

"명절 때마다 힘든 거 잘 알아. 내가 틈나는 대로 도울게."

아내의 입장을 이해해주는 이 한마디 말로 분위기를 역전시켰을 수도 있지 않았을까?

어떤 사람은 가정에서는 아내에게 꼼짝 못 하고 죽어지내면서 밖에만 나가면 행동이 권위적이고 거칠게 돌변하는 것을 볼 수 있다. 물론 반대로 집에서만 왕 노릇을 하는 경우도 있다. 울분에 싸여 살던 사람이 만만한 상대를 만나 야비하게 큰소리치는 격이다. 이런 부류는 강한 사람에겐 약하고 약한 사람에겐 강한 유형이다. 약한 상대가 자신에게 굴복하는 태도를 보이거나 비위를 맞추는 행동을 하면 거드름을 피우며 한껏 무시하지만, 조금이라도 자기 의견에 반대하거나 어긋나면 불같이 화를 내며 난폭한 행동도 서슴지 않는다. 남의 입장이나 괴로움 따위는 무시해버리기 일쑤고, 성격적으로도 뒤틀린 경우가 많다. 이런 사람이 자기보다 강한 상대 앞에서는 순한 양처럼 고분고분해져서 예스맨으로 전락하기도 한다.

사람은 누구나 매사를 자기 생각대로 하고 싶고 남보다 위에 서고 싶다는 욕망을 품고 살지만, 그것을 현실적으로 드러내는 방식에 따라 주위의 평판이나 삶의 질이 달라진다. 자기 기분을 억제하지 못하고 모든 일을 제멋대로 하려는 사람은 정상적인 인간관계를 유지할 수 없다. 그런가 하면 지나치게 본성을 억누른 채 살아가는 인생도 외롭기는 마찬가지다.

사람은 뭔가를 간절히 바라고 욕망하는 존재인 동시에 반성하고 회의할 줄도 아는 이성적 존재다. 자신이 불합리한 행동을 했거나 다른 사람을 해롭게 하는 행동을 했을 때 '내가 너무 지나치지 않았나?' 하고 반성하는 마음이 솟아나지 않으면 언제까지나 자기 함정에서 벗어날 수 없다.

무조건 남 탓이나 하고 쉽게 흥분하는 사람은 케이 호가드의 말을 가슴 깊이 새길 필요가 있다. 즉, 사람들을 내 편으로 만드는 가장 좋은 방법은 내가 먼저 그들의 편이 되어주는 것이다. 남을 비난하기 전에 상대의 입장을 조금이라도 너그럽게 헤아릴 줄 아는 아량이 있다면 서로 뜻이 안 맞는다고 핏대 세울 일도 없다.

어린아이들은 상황이 자기 마음대로 되어가지 않으면 엄마 탓을 한다. 예를 들어 늑장 부리다 학교에 지각을 하면 '이게 다 엄마 때문'이라고 우긴다.

"그래서 아까부터 서두르라고 했잖아?"

엄마가 하는 말이 맞는데도 아이들은 막무가내로 우긴다. 엄마는 모든 것을 받아주는 사람이라는 철없는 생각 때문이다. 그런 철부지들도 성인이 되면 억지주장에는 한계가 있다는 것을 깨우치게 된다. 성인이 돼서도 남 탓하는 버릇을 버리지 못한 사람은 아직 엄마 품을 벗어나지 못한 어린아이와 같다.

인격의 가치는 좋은 일보다 나쁜 일 가운데서 빛을 발한다. 옛말에 "곳간에서 인심 난다"고 했다. 상황이 잘 돌아갈 때는 누구나 마음이 너그러워지기 때문에 주변 사람들과 마찰을 일으키는 일도 거의 생기지 않는다. 문제는 일이 뜻대로 되지 않을 때다. 마음의 여유가 없으면 상대방이 무슨 말을 해도 곱게 들리지 않는다. 잘해보자고 한 얘기도 자격지심을 가지고 들으면 자신을 비난하는 말로 들릴 수 있다. 이럴 때는 예민하게 반응하기보다는 차라리 대화를 멈추고 한 박자 쉬어가는 것이 관계를 훼손하지 않는 방법이다.

"부부싸움은 칼로 물 베기"라는 속담을 뒤집어보면 결코 좋은 뜻으로 해석할 수 없는 진리가 담겨 있다. 신체적으로 위해를 가한 것은 아니지만, 혀끝에서 휘두른 칼로 생긴 마음의 상처는 평생을 갈 수도 있다. 가까운 사이일수록 말을 가려서 하는 예의가 필요한 이유는 늘 얼굴을 보고 살아야 하므로 말의 칼에 베인 상처가 도질 위험이 있기 때문이다.

만 가지 덕을 쌓고도 말 한마디로 모든 공을 무너뜨릴 수도 있는 게 인간이다. 나쁜 일일수록 남 탓하지 말고 가능하면 말을 아끼자. 비방으로 얻은 승리는 결국 나에게 독이 돼 돌아오는 법이다.

" 사람들을 내 편으로 만드는 가장 좋은 방법은 내가 먼저 그들의 편이
되어주는 것이다. **"**

5

. . .

거짓말도
약이 된다

여자는 헤어스타일을 확 바꾸고 남자친구를 만나러 갔다.

"나 어때?"

그녀의 물음은 기대감으로 차 있었다.

"뭐가?"

웬일인지 남자는 여자를 거들떠보지도 않고 딴전을 부린다.

"뭐 달라진 거 없냐고!"

"그래서 어쩌라고?"

이번에도 돌아오는 반응이 까칠하다. 사실 남자는 그녀의 헤어스타일이 달라진 것을 알았지만 별로 마음에 들지 않았고, 오늘따라 화장이 너무 진한 게 불만이었다.

"흥, 이젠 나한테 관심도 없단 말이지?"

여자는 잔뜩 화가 나서 남자를 노려보았다. 그런데도 남자는 전혀 분위기 파악이 안 되는 눈치다.

"관심이 왜 없어?"

"근데 왜 달라진 걸 못 느끼느냔 말이야!"

"그래, 달라진 게 있긴 하네."

"뭔데? 말해봐."

상대방의 태도가 바뀌자 여자는 살짝 화가 풀리는 말투였다. 그런데 남자가 기어이 그녀의 염장을 지르고 만다.

"오늘따라 성질이 유난히 못되게 느껴진다. 왜?"

이쯤 되면 그날 데이트는 물 건너간 것이나 마찬가지다. 여자는 남자가 무엇 때문에 자신을 못마땅해하는지도 모른 채 기분이 잔뜩 상해 집으로 돌아갔다. 사실 진한 화장은 그녀도 별로 내키지 않았는데 헤어스타일을 바꿨으니 화장도 달라져야 한다는 친구의 말에 한번 시도해본 것이다.

남자친구가 싫어한다는 걸 알았으면 그 정도는 얼마든지 바꿀 수 있는 문제였다. 그런데 그는 이 점에 대해서는 한마디도 언급하지 않은 채 그녀를 언짢게 만들었다. 그녀는 어쩌면 두 번 다시 남자친구를 보고 싶지 않을지도 모른다. 또 어찌어찌 화해를 한다 해도 다음에 만날 때 진한 화장을 하고 나타나지 말란 법도 없다.

때로는 마음에 없는 말이 약이 되는 경우가 있다. 만약 여자의 스타일이 마음에 들지 않더라도 남자가 이렇게 말해주었다면 어땠을까?

"그래, 너 오늘 참 예뻐. 그런데 내가 보기엔 전처럼 긴 머리에 화장 안 했을 때가 훨씬 매력적이야."

그랬다면 둘 사이에 앙금이 남을 일은 없었을 것이다.

솔직한 게 무조건 좋은 것만은 아니다. 어떤 상황에서는 임기응변이 문제를 풀어가는 묘약이 될 수도 있다. 때로는 '하얀 거짓말'도 필요하다. 진실이 사람의 마음을 고통스럽게 한다면 그냥 눈감아주거나 자신을 속이는 것도 배려의 한 방법이다.

몇 년 동안 사법시험에 도전했다가 실패하고 절망에 빠진 사람이 절친한 친구에게 물었다.

"친구로서 솔직히 말해줘. 이번에는 패스할 수 있을까?"

친구의 눈에는 사실 가능성이 없어 보였다. 그러나 그는 솔직히 말하는 대신 "열심히 노력했으니까 이번엔 꼭 붙겠지. 힘내!" 하고 격려를 해주었다.

"내가 보기에 넌 공부에 소질이 없어. 차라리 다른 일을 해보지그래?"

만약 그가 자신이 느낀 그대로 솔직히 공부를 포기하라고 충고했다면 상대방은 더 큰 좌절감을 가졌을 것이다. 이런 상황에서 곧이곧대로 진심을 털어놓는 것은 상대에게 아무 도움이 되지 않는다. 그것은 지푸라기라도 잡는 심정으로 내민 손을 매몰차게 뿌리치는 것과 별반 다르지 않다. 어떻게든 최선을 다해보려는 마음까지도 얼어붙게 만드는 말 한마디가 한 사람의 인생을 나락으로 떨어뜨릴 수도 있다. 솔직함이 위선보다 못한 독이 되는 것이다.

약이 되는 거짓말은 어느 누구에게도 해가 되지 않으면서 상황을 긍정적으로 변화시키는 힘이 있다. 나 좋자고 하는 일도 아닌데 속에 없는 말 좀 했다고 남에게 비난받으면 어쩌나 하는 염려 따윈 필요 없다. 만약 이런 일로 누군가가 당신에게 정직하지 못하다고 따진다면 그 사람이야말로 진실을 빙자해 남을 곤경에 빠뜨리고도 남을 위인이다.

> **❝** 솔직한 게 무조건 좋은 것만은 아니다. 어떤 상황에서는 임기응변이 문제를 풀어가는 묘약이 될 수도 있다. **❞**

6

· · ·

딴소리,
막말,
독설의 딜레마

남자 셋이서 스키장이 있는 곳으로 2박 3일 여행을 떠났다. 그 가운데 한 친구는 스키를 광적으로 좋아하지만, 다른 두 친구는 꼭 스키를 타려고 그곳에 간 것은 아니었다. 부근에 스키장 말고도 가볼 만한 곳이 몇 군데 있었다.

첫날은 스키를 좋아하는 친구의 뜻에 따라 다 함께 야간 스키를 즐겼다. 둘째 날 낮에는 가까운 맛집을 찾아다니며 관광지를 한 바퀴 돌았고, 저녁에는 숙소로 돌아와 가볍게 술을 마셨다. 이때까지만 해도 분위기는 아주 좋았다.

"아, 이렇게 마음 맞는 친구끼리 야외로 나오니까 기분이 확 트이는 것 같다. 실은 너희도 알다시피 내가 요즘 고민이 많았잖아?"

술이 한두 잔 돌아가자 최근 직장을 옮기는 문제로 머리가 복잡했던 친구가 심각하게 운을 뗐다.

"뭔데? 결국, 직장 옮기기로 결정한 거야?"

옆에 있던 친구가 물었다. 그가 현재 다니는 직장에 마음을 못 붙이고 있다는 사실은 두 친구도 알고 있었다. 힘들어하는 모습을 보다 못해 다른 곳을 추천해준 적도 있었다. 그런데 그는 새로운 환경에 대한 두려움 때문인지 쉽사리 마음을 정하지 못했다.

"아니, 뭐, 꼭 그런 건 아니고……."

말끝을 흐리는 것으로 보아 별다른 진전이 없는 것 같았다. 그러자 다른 친구가 주섬주섬 옷을 챙겨 입으며 딴소리를 했다.

"야, 그 얘긴 천천히 하고 일단 밖으로 나가자. 아직 9시도 안 됐는데 이러고 있을 순 없지. 오늘이 마지막 밤이잖아?"

스키광 친구가 자리를 털고 일어서는 바람에 애초에 말을 꺼냈던 친구는 머쓱해서 불평을 했다.

"야, 남은 심각하게 얘기하는데 너 뭐야?"

"거참, 그러니까 얘긴 나중에 하자고. 누구는 심각한 일 없는 줄 아냐? 솔직히 내가 이런 말을 할 입장은 아니지만……."

"됐어! 무슨 말인지 몰라도 말할 입장이 아니라고 생각하면 하지 말고 넌 스키나 타러 가."

"뭐? 너, 참 꼬여도 단단히 꼬였구나. 왜 말을 그딴 식으로 받냐?"

말투가 점점 험악해지는 가운데 막말이 독설을 낳았다. 도대체 어쩌다 상황이 이 지경에 이르렀을까?

갈등의 발단은 뭔가 고민거리를 털어놓고 하소연하려던 친구의 말문을 막아버린 딴소리였다. 그는 상대방의 말투에서 '들어봤자 뻔한 얘기 이젠 듣기도 싫다'는 짜증을 느끼고 자존심이 상했던 것이다. 아무리 친구 사이라지만 전에도 비슷한 고민을 얘기한 적이 있다면 말을 꺼내놓고도 자격지심이 들 수 있다. 자기 딴엔 아무리 생각해도 답이 안 나오는 상황을 두고 조언을 구하려던 것이지만, 매번 같은 얘길 듣는 입장에선 피곤할 수도 있다는 걸 알기 때문이다.

게다가 상대방의 딴소리는 그 자격지심에 불을 붙인 격이었다. 만약 상대방이 얘긴 나중으로 미루고 밖에 나가서 기분 좀 풀고 오자는 말을 하기 전 한두 마디만이라도 더 들어주는 시늉을 했다면 대꾸가 그렇게 막 나오진 않았을 것이다.

막말이나 독설을 하는 사람의 심리는 대체로 두 가지로 생각해볼 수 있다. 어떤 사람은 상대방이 자기 말에 귀 기울여주기를 강력히 희망할 때 거친 말로 주의를 끌려는 경향이 있다. 이때까지만 해도 특별히 상대방에게 반감이 있어서 비난하거나 인격적으로 모욕할 의사가 있는 건 아니다. 단지 자기 말이 먹히지 않는 데 대한 불만을 거친 말로 표현하는 것뿐이다. "남은 심각하게 얘기하는데 너 뭐야?" 하고 툴툴거렸던 친구의 말에는 그런 서운함이 내포돼 있다.

이쯤에서 상대가 눈치를 채고 적당히 자존심을 살려주었더라면 상황이 더 악화되지는 않았을 것이다. 그런데 그는 친구의 항변을 묵살하고 애매하게 토를 달았다.

"솔직히 내가 이런 말을 할 입장은 아니지만……."

이것은 듣는 사람의 입장에선 곧 충고나 비난에 가까운 얘기가 나올 것이라는 느낌을 주기에 충분한 말이다. 특히 부정적인 대화 뒤에 이런 말을 들으면 불쾌할 수밖에 없다. 이 얘기가 끝나기 무섭게 보란 듯이 말문을 막아버리는 당사자의 독설이 그것을 증명하고 있다.

막말이나 독설의 또 다른 목적은 상대방을 깔아뭉개서 자존심에 상처를 입히려는 것이다. "무슨 말인지 몰라도 말할 입장이 아니라고 생각하면 하지 말고" 하는 독설의 이면에는 너와는 말이 통하지 않으니 인간관계의 단절도 불사하겠다는 의지가 깔려 있다. 자기가 받은 상처만큼 돌려주고 싶은 것이다. 대화가 막 나가기 시작하는 건 이때부터다.

살다 보면 별 뜻 없이 한 말로도 오해가 산처럼 쌓인다. 그런데 실제로는 '별 뜻 없이 한 말'이 상대방에겐 치명적인 상처로 받아들여질 수도 있다. 이 경우 피차 대화로 공감을 얻는 데는 실패한 것이다.

부주의한 반응도 마찬가지다. 남의 말을 귀담아듣지 않고 있다가 한참 심각한 얘기 도중 화제를 엉뚱한 곳으로 돌렸다고 치자. 본인은 별 뜻이 없었는지 몰라도 상대에겐 '이제 그만 입좀 다물라'는 뜻으로 들릴 수 있다. 그렇게 무안을 준 사람이 자기가 하고 싶은 말을 떠벌리는데 기분 좋게 듣는 사람은 없을 것이다. 결국, 한자리에 딴 나라 사람 둘이 앉아 있는 것처럼 대화가 삐걱거리기 마련이다.

애초에 적대감을 가지고 대화를 시작하지 않는 이상 서로 밟고 밟히는 악의적인 막말이나 독설이 오가는 것은 대개 이런 상황에서다. "말 많은 집은 장맛도 쓰다"고 했다. 별 뜻 없이 한 말을 상대방이 액면 그대로 받아들이지 못할 수도 있다는 것을 항상 염두에 둔다면 본의 아니게 구설에 휘말릴 위험은 없을 것이다. 자신의 속마음은 전혀 그렇지 않은데 상대방이 오해를 한 것뿐이라고 탓하기 전에 자신의 말버릇부터 점검해보자.

원인 없는 결과는 없다. 오늘 나는 남의 말을 몇 번이나 끊었는지 되짚어보는 것도 실수를 반복하지 않는 좋은 방법이다.

❝ 실제로는 '별 뜻 없이 한 말' 이 상대방에겐 치명적인 상처로 받아들여질 수도 있다. 이 경우 피차 대화로 공감을 얻는 데는 실패한 것이다. ❞

7

...

누구나
칭찬에
목마르다

칭찬은 그 사람의 올바른 행동이나 조직 내에서 성과를 올린 것에 대한 말의 포상이다. 많은 사람이 칭찬의 중요성을 알면서도 정작 남을 칭찬하는 데는 인색한 편이다. 물론 이론상으로야 남을 꾸짖는 것보다 칭찬이 훨씬 쉽고 간단하다지만, 현실은 그렇지 못하다. 하루하루 치열한 경쟁 속에서 살아가는 현대인들은 타인에게 인정받고 싶어 하는 욕구가 그런 미덕을 남에게 베풀려는 마음보다 몇 배나 강하기 때문이다.

그런데 사람과 사람 사이에 칭찬의 커뮤니케이션이 제대로 이루어지지 않기 때문에 칭찬받는 쪽이나 칭찬하는 쪽 모두 생경한 느낌을 가지게 된다. 누가 자신을 칭찬하는 말을 하면 공연히 거북하고 쑥스럽다고 말하는 친구가 있다. 그는 대놓고 남을 칭찬하는 말도 내키지 않는다고 한다. 자기는 진심에서 하는 말이지만 남의 기분을 맞추려고 아부하는 것 같아 주저하게 된다는 것이다.

이런 종류의 망설임은 누구나 한두 번쯤 경험해봤을 것이다. 하지만 망설일 것 없다. 칭찬거리를 찾기 위해 눈을 크게 뜨고 보이는 대로 억지로 꿰맞출 필요도 없다. 마음을 좀 더 넓게 가지려는 자세만 갖추면 누구에게서나 칭찬거리를 발견할 수 있기 때문이다.

사람들은 저마다 장점이 있기 마련이다. 또한, 생각하기에 따라서 단점이 장점이 될 수도 있다.

"너는 성질이 너무 급한 게 탈이야" 하고 말하면 단점을 들춰내는 것이지만, "넌 성격이 시원시원해서 좋더라"고 말하면 단점 빼고 장점만 쏙 빼서 드러내 주는 것이 된다.

대개 남자는 여자에 비해 칭찬에 무척 서투르다. 상대의 장점을 발견하고도 쑥스러워 말문을 열지 못하는 남자들이 많은 반면, 여자들은 타고난 모성애 덕분에 자연스럽게 칭찬의 말을 쏟아내는 재능이 풍부하다.

한 남편이 모처럼 큰맘 먹고 언제나 어수선하던 집 안을 말끔히 정돈해놓았다. 그 모습을 보고 아내가 이렇게 말한다.

"어머, 당신 언제 집 안을 이렇게 깨끗이 치웠어요? 정말 고마워요!"

반면 남편은 자신의 구두를 말끔히 닦아 현관에 놓아준 아내를 흘낏 쳐다보더니 무뚝뚝하게 한마디 툭 내뱉는다.

"허, 오늘은 해가 서쪽에서 뜨겠군!"

그러고는 뒤도 안 돌아보고 집을 나선다.

남편은 아내의 친절이 고맙게 느껴지지 않아서 이렇게 말하는 게 아니다. 칭찬해주고 싶어도 대놓고 표현하는 게 어색할 뿐이다.

얼굴 보고 좋은 말을 건네는 것이 왜 이렇게 부자연스러운 일이 되었을까.

아마도 살아오면서 남을 칭찬하는 습관을 익히지 못한 게 가장 큰 원인일 것이다. 왠지 그런 말을 하자니 온몸에 닭살이 돋는 것 같은 기분이 들 수도 있다. 그래서 마음은 굴뚝같은데 살갑게 말하지 못하고 퉁명스럽게 비아냥대기도 한다. 쑥스럽고 어색한 분위기를 못 견뎌 오히려 상대를 언짢게 하는 말이 튀어나오고 마는 것이다.

"말은 그렇게 해도 속으론 항상 고맙게 생각해."

남자들은 종종 이런 말을 하지만, 그 속뜻이 제대로 전해지지 않는 경우가 많다. 그래서 종종 아내 또는 연인의 마음을 다치게 한다.

본의 아니게 소중한 사람의 가슴에 못 박는 일이 없도록 직접 내 입으로 칭찬하는 연습을 해보자. 칭찬할 게 있으면 에둘러 말하지 말고 곧장 구체적으로 표현하라. 고마운 마음에 칭찬을 해야 할지 선물을 해야 할지 우물쭈물하는 동안 좋은 기회를 놓칠 수도 있다.

상대에게서 좋은 점을 발견하는 바로 그 순간이야말로 칭찬의 골든타임이다.

"당신, 참 고마운 사람이야!"

"덕분에 오늘 하루 종일 기분 좋았어."

이렇게 한마디 하는 게 뭐 그리 어려운가. 칭찬을 아끼다가 괜한 원망을 듣게 될 수도 있다. 적극적으로 표현하고 싶은 감정이 살아 있을 때 칭찬의 말을 건네야 감동을 준다. 상내를 생각하는 마음이 그대로 전해져 그 어떤 말보다 강한 인상을 남기기 때문이다.

타이밍이 어긋난 칭찬은 김빠진 사이다와 같다.

"엎드려 절 받기도 아니고, 웬 뒷북? 누가 뭐라고 코치한 거야?"

자칫하면 별 효과도 없이 이런 오해나 받을 수도 있다.

많은 사람들 앞에서 상대를 격려하고 싶다면 정식으로 자리를 마련하라. 주변에서 칭찬에 공감할 수 있도록 만들어주는 것은 감동을 배가시키는 하나의 방법이다.

단, 공개적인 칭찬에는 변수가 따른다. 일반적으로 누군가를 칭찬하는 말이 칭찬 당사자 외에 다른 사람들까지 모두 공감할 만한 내용은 아닐 가능성이 크다. 제삼자의 공감을 얻지 못하는 칭찬은 불필요한 질투심을 자극해 오히려 칭찬 당사자를 곤란하게 만들기도 한다. 특히 회사 내에서 부하직원을 드러내놓고 칭찬할 때 이런 경우가 종종 발생한다.

"오늘 보고서 아주 좋았네. 완벽해!"

부장이 사무실에 들어오자마자 한 직원을 치켜세웠다. 여러 동료들이 보는 앞에서 부장에게 칭찬을 받은 직원은 기뻐서 입이 귀에 걸렸다.

사실 부장은 그 직원의 분발을 독려하는 뜻에서 특별히 잘한 일을 칭찬한 것이다. 그런데 상대가 대단한 성과라도 낸 것으로 착각하고 우쭐해하는 경우도 있다. 이럴 때 센스 있는 부장이라면 칭찬과 함께 약간의 사족을 덧붙일 것이다.

"자네 한동안 슬럼프에 빠진 것 같더니 조금씩 나아지고 있는 게 눈에 보여. 앞으론 좀 더 잘해보자고, 응?"

이 말은 칭찬 당사자는 물론 다른 동료들에게도 앞으로 공평한 기회가 주어질 것을 암시하고 있다. 그리하여 긍정적인 긴장감을 주는 일석이조의 효과를 발휘한다. 이런 유쾌한 자극이 바로 칭찬의 가장 큰 미덕이다.

> **❝** 상대에게서 좋은 점을 발견하는 바로 그 순간이야말로 칭찬의 골든타임이다. 적극적으로 표현하고 싶은 감정이 살아 있을 때 칭찬의 말을 건네야 감동을 준다. **❞**

8

· · ·

야단치는 것도
기술이다

지적사항이 있을 때 덮어놓고 비난하거나 심하게 야단을 치면 그만큼 반발심도 커지기 마련이다. 그러다 보면 잘못을 지적하려다 오히려 원망을 듣게 되는 경우도 있다. 비난의 목적은 상황을 바로잡는 데 있다. 잘못을 꾸짖더라도 좀 더 유연하게 상황을 개선시키는 방법은 없을까?

본인은 항상 옳고 상대는 늘 실수나 잘못을 저지르므로 비난받아 마땅하다는 식의 논리는 매우 위험한 발상이다. 보통 야단치는 사람은 상대를 얕잡아보거나 무조건 깎아내리는 발언을 하기 쉽다. 이럴 때 비난받는 사람은 자신이 잘못했다는 것을 알면서도 솔직히 인정하고 싶지 않은 방어심리가 발동하게 된다. 사람은 감정의 동물이라는 사실을 잊지 말자.

반발이나 저항이 생기면 상대를 개선시키려는 목적을 달성하기 어렵다.

"자네는 구제불능이야."

"대체 생각이란 걸 하기는 하는 건가?"

"어째서 늘 이 모양이지?"

"진작부터 이럴 줄 알았어. 이 와중에 자네 같은 사람을 믿어보기로 한 내가 한심하군!"

이런 식의 극단적인 화법은 상황을 최악으로 몰아간다. 쥐도 도망칠 곳을 내주고 쫓는다고 했다. 너무 심하게 몰아붙이다가는 오히려 역습을 당해 물릴 수도 있다.

"이번엔 제대로 할 줄 알았는데 뭐가 문제지? 어디 다른 데 신경 쓸 일이라도 있는 거야?"

똑같은 실수를 반복했더라도 이 정도에서 끝내는 게 좋다.

다음으로 중요한 것은 지적사항을 명확히 밝히고 야단을 치라는 것이다. 지시사항을 제대로 알리고 그대로 하지 않았을 때 조목조목 꾸짖는다면 상대는 자신이 야단맞는 이유를 알기 때문에 크게 반발하지는 않을 것이다.

일을 제대로 가르쳐주지도 않고 야단부터 치면 상대를 주눅들게 할 수는 있어도 비판의 핵심을 이해시키기는 어렵다. 기준이 확실하면 비판의 내용도 공정해진다.

또한, 작은 실수일 경우 가볍게 주의를 주는 선에서 그치는 것이 좋다. 다만 실수는 실수인 만큼 잘못은 분명히 짚고 넘어갈 필요가 있다. 이때 다른 사람이 있는 곳에서 공개적으로 망신을 주는 것은 절대금물이다.

부장이 회의 자리에서 아랫사람이 작성한 보고서의 오류를 발견했다.

"자네 학교 어디 나왔어? 이걸 누구 보라고 내놓은 거야!"

이런 식의 호통은 잘못을 지적하는 게 아니라 인신공격이다. 순간적으로 화가 치밀어 회의 자리라는 것을 생각지 못했다면 나중에라도 정식으로 사과해야 한다. 상대는 그 지적이 개인감정에서 나온 것이라고 생각할 수도 있다.

일을 잘못 처리한 부하직원을 성장시키려면 비난과 칭찬의 균형을 이루어야 한다. 지나치게 한쪽으로 치우치면 올바른 개선을 기대하기 어렵고 감정만 쌓이게 된다.

상대가 잘한 일과 잘못한 일이 있을 때는 되도록 칭찬을 먼저 하는 것이 좋다. 특히 상대의 결점이 문제가 될 경우 곧장 그것을 비난하지 말고 대화에 쉼표를 찍어주는 지혜가 필요하다. 적당히 말의 흐름을 바꾸는 것도 하나의 방법이다.

"자네한테는 이런 좋은 점이 있는데 그런 실수를 하면 내가 실망하지 않겠나?"

이렇게 칭찬을 앞자리에 놓아 상대가 경청할 준비를 할 수 있게 여지를 주면 말의 효과가 그만큼 커진다.

마음이 약한 상사는 부하직원의 잘못을 지적하는 일에 부담을 느끼기도 한다. 이런 상사는 의식적으로 꾸짖는 말을 앞으로 가져와야 한다. 먼저 주의를 준 다음 상대를 다독거리는 것이다.

　상대방이 거북해하는 것을 보기가 힘들더라도 꾸짖는 일을 뒤로 미루면 곤란하다. "매도 먼저 맞는 놈이 낫다"는 속담도 있지 않은가. 괴로운 일을 먼저 해치워야 칭찬도 제대로 할 수 있다. 하기 싫은 일일수록 시간 끌어서 좋을 게 없다. 잘못을 가르치려면 그날 안에, 그것도 가능한 한 빠른 시간에 하는 게 서로에게 이롭다. 한꺼번에 주의를 주겠다는 생각으로 차일피일 미루다 보면 말을 꺼내기가 더욱 어려워진다.

　인간관계는 뜻하지 않는 대목에서 극단으로 나뉠 수가 있다. 한두 번 따끔하게 야단치고 넘어가면 될 일을 묵혀둔다고 해서 효과가 배가되는 건 아니다. 잘못은 잘못대로 쌓이고, 나중엔 서로를 곡해하는 상황으로까지 치달을 수도 있다.

　"부장님이 아무 말씀 없으신 걸 보니 이 정도는 잘못이 아니겠지?"

　"저 친구, 날 무시하는 건가?"

　서로 다른 망상에 젖어 있는 동안 상황은 더욱더 악화될 뿐이다.

　아울러 칭찬이든 비난이든 너무 가볍게 하면 말하는 사람의 권위가 떨어지는 법이다. 당신이 온화한 성격의 상사라면 호되게 야단치는 모습이 오히려 상대에게 강한 인상을 심어줄 수 있다. 평소 여간해선 잔소리를 안 하던 사람이 갑자기 화를 내면 충격의 강도가 오래 가는 법이다.

비난은 짧게, 그러나 정신이 번쩍 들 만큼 냉철하게.
이 또한 조직을 다스리는 상사로서 갖춰야 할 덕목이다.

> **한두 번 따끔하게 야단치고 넘어가면 될 일을 묵혀둔다고 해서 효과가 배가되는 건 아니다. 잘못은 잘못대로 쌓이고, 나중엔 서로를 곡해하는 상황으로까지 치달을 수도 있다.**

TIP

직장인들의 성공 전략 포인트

1. 일은 스스로 만든다.
   - 결코 주어지는 것이 아니다.

2. 일은 선수 치는 것.
   - 수동적으로 하지 마라.

3. 큰일을 해라.
   - 작은 일은 자신을 작게 만든다.

4. 어려운 일을 목표로 해라.
   - 그것을 해낼 때 진보가 이루어진다.

5. 마찰을 두려워하지 마라.
   - 마찰은 진보의 어머니, 적극성의 비료다. 그러지 못하면 비굴
     하고 나약한 인간이 될 것이다.

제 3 장

말 잘하는 사람,
잘 듣는 사람

상사와 잘 지내는 10가지 방법

1. 상사의 성격이나 일하는 스타일을 파악해 적극적으로 협력한다.

2. 일을 처리하기 전 미리 상사의 의향을 파악해 수정할 일이 없도록 한다.

3. 일을 안심하고 맡길 수 있도록 평소에 업무에 대한 실력을 쌓는다.

4. 주어진 역할, 해야 할 일은 구실을 찾지 말고 지체 없이 처리한다.

5. 시키는 일만 하지 말고 좋은 아이디어를 첨가하도록 노력한다.

6. 일을 미리 찾아내는 버릇을 들인다.

7. 드러내놓고 반발하기보다는 유머 감각을 발휘해 웃는 낯으로 설득한다.

8. 항상 절도 있고 예의 바른 태도를 잃지 않는다.

9. 상사와 접촉할 기회를 많이 갖고 친밀감을 쌓는다.

10. 개인의 능력을 과시하기보다는 조직 전체의 발전을 위해 일하는 자세를
    보인다.

1

...

새겨듣기를
강요하지 마라

대화는 타인과 소통할 수 있는 가장 중요한 의사 표현 방식이다. 우리가 마음속에 품고 있는 그 어떤 진실도 언어를 통하지 않고는 100% 전달되기 어렵다.

어떤 사람들은 대화를 하면 할수록 오히려 감정의 골이 깊어지기도 한다. 이런 일은 말하는 사람이 의사 표현을 제대로 하지 못했거나 상대가 진의를 왜곡해 받아들였을 경우에 생긴다.

우리가 흔히 쓰는 '저기'나 '그거'처럼 간단한 표현에도 다양한 오해의 코드가 숨어 있다. 주방에서 한창 바쁘게 일하는 아내와 역시 바쁘게 출근 준비 중인 남편 간의 대화 한 토막을 예로 들어보자.

"그거 어디 있지?"

"그거?"

"응, 그거."

"저기 있어."

남편은 아내가 눈짓으로 가리킨 거실 테이블에서 어제 새로 산 넥타이를 만족스러운 얼굴로 집어 든다. 연륜이 느껴지는 부부의 성공적인 커뮤니케이션이다.

어떤 대화에도 정해진 공식이란 없다. 한마디 하면 척 알아듣는 것 같은 부부 사이에도 간혹 사인이 안 맞을 때가 있다.

아내가 아끼던 전자제품이 고장 났다. 남편은 서비스센터에 가져가라고 하는데 아내는 돈이 아깝다.

"일단 당신이 먼저 해봐요. 간단한 문제일지도 모르잖아."

"이깟 거 얼마나 한다고? 새로 사든가."

"아까워서 그래. 당신, 이런 거 잘 고치잖아요."

아내의 격려에 살짝 기분이 좋아진 남편이 연장을 찾기 시작한다.

"그거."

"여기."

처음엔 손발이 착착 맞는다. 남편이 드라이버를 원하면 아내가 곧장 드라이버를 대령하고, 펜치를 원하면 즉각 펜치를 찾아주는 식이다. 그렇게 한참 열을 올렸건만 고장 난 제품은 작동하지 않는다.

슬슬 짜증이 나기 시작한 남편이 아내에게 말한다.

"뭐가 이렇게 복잡해? 그거 좀 가져와."

"응, 알았어요."

아내가 눈치를 보며 도구함을 살핀다. 남편이 아직 쓰지 않은 도구는 못과 망치뿐이다.

"아, 뭐야?"

눈앞에 망치를 들이대자 남편이 버럭 소릴 지른다.

"그거 아냐?"

당황한 아내가 다시 못을 내민다.

"아, 진짜! 좀 전에 알았다며? 대체 뭘 알아들었단 거야!"

도구를 내팽개치면서 성을 내는 남편의 이마에 땀이 줄줄 흐른다. 그가 애타게 찾던 '그거'는 저녁 식사 후 아내가 내왔는데 물려놨던 식혜였다.

오랜 기간 밀접한 관계를 맺어온 사람들은 상대의 눈빛만 보고도 무슨 생각을 하는지 알 수 있다고 말한다. 특별한 사건이 없는 한 이런 관계는 쉽게 깨어지지 않는다. 길게 말할 것도 없이 한두 마디만 섞다 보면 배가 산으로 가는 상황이 벌어지지 않는다. 때론 구체적인 표현 없이도 대화의 행간을 읽어내고 상대의 속내를 알아차릴 수도 있다.

서로의 화법에 익숙한 상태에서 말을 새겨듣는 기술이 남들보다 능숙한 것은 당연하다. 물론 이 경우에도 헛다리를 짚을 여지는 있지만, 피차 신뢰가 무너질 만큼 사태가 악화될 위험성은 크지 않다. 사적인 관계에서 생긴 오해는 얼마든지 풀 기회가 있다.

　일상적인 대화에서 "일단 잘 생각해봐" 하는 말을 자주 하는 친구가 있다. 간혹 그런 표현이 거슬릴 때가 있지만, 대체로 내 생각이 짧았다고 느껴질 때 듣게 되는 게 그 말이었다. 나는 갑작스러운 상황이 닥치면 어찌할 바를 모르고 허둥지둥하는 경향이 있다. 친구는 그런 나에 비해 순발력과 융통성이 뛰어난 편이다.

　집에서 키우는 강아지한테 약을 먹어야 하는 일이 생기면 나는 한바탕 곤욕을 치르곤 한다. 동물병원 의사는 사료나 간식에 약을 섞어 먹이라는데 녀석은 도통 말을 듣지 않는다. 그나마 좋아하는 간식에 약을 묻혀서 주면 절반은 성공한다. 이 와중에도 녀석은 어떻게든 약이 안 묻은 부분만 떼어 먹으려고 여간 꾀를 쓰는 게 아니다.

　"사료랑 간식, 약을 한꺼번에 믹서에 갈아서 먹여봐."

　"사료는 아예 건드리지도 않는데, 괜찮을까?"

　"그러니 억지로라도 먹여야지."

　친구는 단번에 두 가지 해결법을 제시했다. 햄처럼 부드러운 간식을 믹서에 갈아 먹이는 것은 물론 거기에 사료까지 섞는 건 내 생각 밖이었다. 간식만 먹이면 건강에 해롭다는 사실을 알면서도 나는 일단 약을 먹여야 병이 낫는다는 데 생각이 멈춰 있었다.

　친구가 말해준 대로 했더니 녀석은 밥그릇까지 먹어버릴 기세로 달려들었다.

"아! 난 왜 진작 이 생각을 못 했지?"

"일단 잘 생각해보면 답이 나왔을걸?"

우문에 현답이었다. 덕분에 그 특이한 말버릇을 가지게 된 이유에 대해서도 이야기할 기회가 생겼다. 친구는 어릴 때 아버지 심부름을 자주 하면서 생긴 버릇이 살아오는 동안 언어습관으로 굳어진 모양이라고 했다.

목공기술이 뛰어났던 친구의 아버지는 항상 집에서 뭔가를 만들었다. 그 곁에서 잔심부름을 하는 건 막내인 친구의 몫이었다. 한창 밖에 나가 뛰놀고 싶은 나이에 심부름을 하다 보면 꾀가 나기 마련이다. 친구는 아버지 말을 거역하지 못하는 대신 최대한 빨리 일을 마칠 수 있게 돕는 방법을 스스로 터득했다.

"매번 똑같은 심부름을 하다 보니 자연스레 아버지가 이젠 뭘 갖다 달라고 하실지 생각하게 됐어. 예를 들어 망치를 가져오라고 하면 이따가 못도 몇 개 가져오라고 하시겠구나 하는 식으로."

친구는 그렇게 나름대로 머리를 굴려가며 살아온 게 습관이 돼 자신도 모르는 사이 말버릇으로 이어졌다고 설명했다. 이 경우 친구의 말버릇은 단순한 습관이 아니라 나름의 행동양식이라 할 수 있다. 이를테면 경험에서 우러나온 생활의 지혜랄까.

직장이라는 사회는 사적인 인간관계에서 흔히 베푸는 관용이나 아량이 끼어들 여지가 적은 곳이다. 그러므로 사소한 말 한마디도 입에서 나오기 전에 한 번 더 생각하고 말하는 습관이 필요하다.

피차 신뢰가 형성될 만큼 충분한 인간관계가 성립되지 않은 상태에서 빚어진 말실수의 여파는 생각보다 훨씬 더 생명력이 길다. 업무상의 의사전달 과정에 오해가 생기면 회사 운영 전체에 영향을 미치기 쉽다. 이때 가장 큰 책임은 말하는 사람에게 있다.

자신의 화법에 문제가 있다는 것을 모르고 "왜 내 말을 새겨듣지 않는 거지?" 하고 상대를 원망할 때 감정적 표현이 나오기 마련이다. 이럴 땐 대화의 악순환이 불가피하다.

권위주의적인 상사들에게서 이런 경향이 자주 나타난다.

"자넨 늘 그런 식인가? 초등학생도 아니고, 어째서 하나만 알고 둘은 모르나?"

신입사원의 소극적인 업무 태도가 못마땅한 부장의 말투에 뼈가 있다. 상대는 아직 그 '하나'는 뭐고, '둘'은 뭔지 이해하지 못하는 상황이다.

이유도 모른 채 훈계를 듣는 신입사원의 입장도 답답하기는 마찬가지다. 매번 이런 식으로 쥐어박는 말만 듣는 것도 고역이라 용기를 내서 정중하게 따져 물었다.

"솔직히 제가 부장님 칭찬을 받을 만큼 뛰어나지 않다는 건 인정하지만, 어떤 부분을 잘못했는지 모르겠습니다. 지금이라도 말씀해주시면 시정하겠습니다."

"그걸 일일이 설명을 해줘야 아나?"

신입사원의 항변에 부장은 한심하다는 표정을 짓는다.

그동안 둘 사이에 무슨 일이 있었던 걸까.

"오전 중에 보고서를 정리해놓게."

부장의 지시대로 신입사원은 점심시간 전까지 보고서 정리를 끝냈다. 그런데 다음 날 부장은 왜 그 보고서를 총무과에 갖다 주지 않았느냐고 화를 냈다.

보고서에는 분명 '총무과 제출용'이라고 적혀 있었다. 그런데 부장은 그런 언급을 하지 않았다. 말하지 않아도 그 정도는 당연히 알아서 처리해주리라 생각했기 때문이다. 반면 신입사원은 자기에게 맡기지도 않은 일을 마음대로 처리하는 것은 월권이라 판단했다. 그러니 속도 모르고 초등학생 운운하는 부장의 폭언이 원망스러울 수밖에 없다.

두 사람 사이에는 의사소통의 부재라는 문제가 있다. 상황을 어렵게 만든 당사자는 '시킨 것만 하려고 한다'고 화를 내는 부장이다. 상대에게 자신의 의중이 제대로 전달되지 못했다면 결과적으로 커뮤니케이션이 부족했다고 봐야 한다. 그동안 다른 직원들이 해왔던 것처럼 '이 정도는 알아서 해주겠지' 하고 믿었다가는 결국 문제가 터지기 마련이다. 이 경우 그 책임은 설명을 충분히 하지 않은 사람의 몫이다.

어느 회사 사장이 거래처 사무실에 전화를 걸었다.

"여보세요?"

"어머, 김 사장님 안녕하세요?"

입사한 지 얼마 안 된 여직원이 반갑게 인사를 한다.

'이 아가씨 제법인데, 어떻게 내 목소리를 다 기억하고……'

김 사장은 입가에 미소를 지으며 친근하게 물었다.

"사장님 자리에 계신가?"

"예, 계세요."

김 사장은 그 여직원이 전화를 돌려주기를 기다렸다. 그런데 수화기 저편에선 아무런 응답이 없다.

이 상황에서 대부분의 사람들은 "사장님 좀 바꿔 주겠어?" 하는 말을 생략한다. 김 사장도 마찬가지였다. 그는 굳이 사장을 바꿔달라고 하지 않아도 눈치 빠른 여직원이 알아서 해줄 것으로 믿었다. 하지만 그 기대는 보기 좋게 빗나갔다.

잠깐의 침묵 끝에 여직원이 먼저 입을 열었다.

"사장님 바꿔드릴까요?"

"어, 그래요."

"잠시만 기다리세요."

'젊은 사람이 이렇게 말귀가 어두워서야……'

거래처 여직원에 대한 평가는 순식간에 칭찬에서 불평으로 바뀌었다. 하지만 정작 전화 예절에 서툰 사람은 김 사장 자신이다.

이런 예를 단순히 세대 차이라고 흘려버렸다가는 고리타분하다는 인상을 주기 쉽다. "돌다리도 두들겨보고 건너라"고 했다. 중요한 대화일수록 어느 부분에 '돌다리'가 있는지 확인시킬 필요가 있다. 상대가 말귀를 못 알아듣는다고 불평할 게 아니라 먼저 알아듣게 말하는 습관을 들이자는 것이다.

나이 든 사람들이 젊은 사람들과 이야기할 때면 도무지 말이 통하지 않는다고 할 때가 있다. 젊은 사람들에게는 상식처럼 통용되는 말이 나이 든 사람들에게는 외국어처럼 생소할 수도 있기 때문이다.

가족들끼리 텔레비전을 보다가 아버지가 딸에게 물었다.

"쌩깐다는 게 무슨 뜻이냐?"

"아빠 여태 그것도 모르셨어요?"

몰라서 묻는데 이런 식의 대답이 돌아온다면 무색해질 수밖에 없다.

자신이 안다고 해서 상대도 반드시 알아야 한다는 법은 없다. 모르는 것을 자세히 설명하고 깨우쳐주는 것도 대화의 기술이다. 이럴 때 무조건 말이 안 통한다며 입을 닫아버리는 태도는 대화 상대를 밀어내는 것이다. 또한, 그런 것도 모를 리 없다고 여겨 상대를 무작정 방치해두면 커뮤니케이션 자체가 불가능해진다.

사람은 누구나 서로 다른 환경에서 각자의 사고방식으로 살아왔다. 쌍둥이도 생각은 제각각이다. 마음이 잘 통한다고 믿는 사람끼리도 한 입 건너가면 말의 뜻이 달라질 수 있다.

의사전달 과정에서 착오를 방지하는 방법은 무조건 잘 알아듣고 잘 전달하는 것뿐이다. 이해가 안 되면 또 묻고, 설득이 부족하다 싶으면 거듭 확인해야 한다.

조직생활에서는 "쑥떡같이 말해도 찰떡같이 알아듣기"는 불가능하다. 대충 말해놓고 '이 정도면 알아들을 것'이라 기대한다면 어디까지나 희망 사항에 불과하다.

아무리 사소한 전달사항이라도 충분히 알아듣게 설명하라. 언어로 표현되지 않으면 누구도 그 뜻을 정확히 파악하기 어렵다.

> **❝** 자신의 화법에 문제가 있다는 것을 모르고 "왜 내 말을 새겨듣지 않는 거지?" 하고 상대를 원망할 때 감정적 표현이 나오기 마련이다. 이럴 땐 대화의 악순환이 불가피하다. **❞**

1. 이러면 당신도 무능한 상사

- **하여튼 알아서 잘해봐** – 구체적인 방침 없이 막연히 일거리만 떠안긴다.
- **내가 무슨 힘이 있나** – 상부의 지시사항만 전달한다.
- **하라면 그냥 해** – 개개인의 입장과 역량을 고려하지 않고 누구에게나 똑같은 일을 지시한다.
- **그땐 그때고** – 일관성 없이 수시로 방침을 바꿔 지시한다.

2. 무개념 밉상 사원의 유형

- **오리발형** – 대답만 잘하고 나중에 딴소리를 한다.
- **일단부정형** – 무조건 반론부터 제기한다.
- **주먹구구형** – 무계획적으로 일을 추진한다.
- **우물안개구리형** – 하나만 알고 둘은 모른다.
- **오만불손형** – 지적을 받으면 습관적으로 불만을 표시한다.
- **노예근성형** – 지시에만 따르고 업무개선에는 관심이 없다.
- **전전긍긍형** – 문제가 있어도 보고하지 않고 처리했다가 나중에 허둥댄다.

2

...

대화도 훈련이
필요하다

"커뮤니케이션은 모든 인간문화의 기본적인 부분이라 할 수 있다. 사람들은 언제나 이야기 속에 감정적으로 참여하고 싶은 욕구를 느낀다."

미국의 전설적인 영화배우 말론 브란도Marlon Brando가 생전에 했던 말이다. 사람들은 누구나 이야기의 주체가 되고 싶은 욕망이 있다. 남들은 신나게 떠들고 있는데 혼자만 잠자코 있다면 딴생각을 하고 있거나 그 자리가 불편한 사람이다. 드물기는 하지만 다른 사람들이 하는 말마다 흥미를 느껴 열심히 경청에 몰두하는 사람도 있다.

한창 흥미로운 대화가 이어지는 상황에서 꿔다놓은 보릿자루처럼 앉아 있는 것을 좋아하는 사람은 없을 것이다. 말론 브란도가 말한 감정적인 참여란 남의 말에 공감하고 싶은 욕구를 가리킨다.

한 정치인이 강연을 마친 뒤 "할 말은 많은데 마음먹은 것의 절반도 하지 못했다"고 푸념하는 것을 본 적이 있다. 마치 이야기에 걸신들린 사람처럼 신나게 떠들어놓고도 말이다. 그는 청중들의 시큰둥한 반응을 뒤로한 채 강단에서 내려왔지만, 정작 하고 싶은 말을 다하지 못한 게 못내 아쉽다는 표정이었다.

왜 어떤 사람의 이야기는 금세 귀가 솔깃해지는데 어떤 사람 이야기는 지루하다 못해 지겹게 느껴지는 것일까. 후자는 청중의 감정적 참여 욕구를 만족시키지 못한 경우다.

용기와 자신감은 말을 잘하는 비결이다. 우리 주변에는 스스로 대화에 능숙하지 못하다고 생각하는 사람들이 의외로 많다. 말주변은 타고나는 게 아니라 꾸준한 연습을 통해서 쌓아가는 기술이다.

"나는 사람들과 친해지고 싶은데 이야기를 재미있게 할 줄도 모르고, 낯선 사람한테는 말을 붙이기가 힘들어."

동창 모임에서 만난 친구가 심각하게 말했다. 일 때문에 받는 스트레스보다 동료들과 잘 지내지 못하는 게 더 힘들다는 고민이다.

"사무실 동료가 많지도 않아. 근데 다들 나랑은 별로 말을 섞고 싶어 하지 않는 것 같아."

"말은 해봐야 아는 거야. 부딪쳐보지도 않고 사람 마음을 어떻게 알아?"

적극적으로 다가가 보라고 했더니 반응이 시큰둥하다.

"한두 번 먼저 말을 건넨 적이 있긴 한데 그때뿐이더라고. 이젠 누구랑 대화를 나눈다는 것 자체가 두렵고, 사람들 앞에 나서기가 점점 꺼려져."

또 다른 친구는 말 잘하는 사람이 수두룩한데 공연히 끼어들 필요가 없을 것 같아 주로 남이 하는 이야기를 듣는 편이라고 털어놓았다. 둘 다 공통적으로 하는 말은 자신들은 소극적인 성격이라는 것이다.

사회생활을 하면서 항상 경청자의 입장에 설 수만은 없다. 때에 따라 자신의 의지와는 상관없이 사람들 앞에 서야 할 일이 생긴다. 학교나 직장에서는 특히 그렇다. 성격이 소극적이든 적극적이든 이야기의 주체가 돼야 할 필요가 있다면 과감하게 자신의 주장을 펼칠 줄 알아야 한다.

화술이란 것도 결국은 연습의 결과물이다. 여러 사람 앞에 서면 당황해서 말을 더듬거리던 사람도 몇 차례 똑같은 상황이 반복되다 보면 어느 정도 침착성을 유지하며 조리 있게 의사 표현을 하게 된다.

연습 없는 진보란 있을 수 없다. 당신의 말주변에 문제가 있다고 생각한다면 지금도 늦지 않다. 시간이 걸리더라도 자신의 의견을 끝까지 분명하게 말하는 연습을 해보라. 횟수가 거듭될수록 조금씩 상대의 태도가 달라지는 것을 느끼게 될 것이다.

자신의 화술이 서투르다고 여겼던 한 친구는 매일 한 시간씩

스포츠뉴스 진행자의 말투를 흉내 내는 연습을 했다고 한다. 스포츠뉴스는 생생한 현장감을 전달하는 데 목적이 있다. 또한, 많은 시청자를 대상으로 하기 때문에 분명한 발음과 정확한 언어구사력을 필요로 한다.

처음엔 아무도 없는 방 안에서 혼자 스포츠뉴스 진행자의 멘트를 따라 하던 그는 웬만큼 자신감이 붙자 가족들을 상대로 연습했고, 나중에는 친구와 지인들로 대상을 넓혀나갔다. 그러다 보니 여러 사람 앞에서 이야기하는 것이 자연스럽게 몸에 배더라는 것이다.

실제로 많은 사람들이 '나는 스피치가 서투르다'고 생각하지만, 절대 그렇지 않다. 오히려 "나는 사람들 앞에서 말하는 게 두렵지 않다. 말발이라면 누구한테도 지지 않을 자신이 있다"고 말하는 사람들이 문제다. 후자는 일방적인 스피치를 구사하는 경우가 많아 듣는 사람이 부담감을 가질 수도 있다. 청중에게 말발이 먹힌다는 것은 어디까지나 본인의 착각일 뿐이다.

요즘 기업들은 기획력 못지않게 브리핑 능력을 높이 산다. 사내에서는 물론이고 클라이언트 앞에서 브리핑을 해야 하는 경우도 적지 않다. 브리핑을 하기 전 사전준비를 충분히 하는 것은 상식이다. 그런데 이런 연습도 혼자만 해서는 좋은 효과를 기대할 수 없다. 정식으로 브리핑을 하는 것처럼 몇몇 동료 앞에서 연습해보면 현장에서 기대 이상의 능력을 발휘할 수 있다.

스피치의 능숙함은 연습 횟수와 비례한다. 노력도 하지 않으면서 대화가 잘 이루어지기를 바라는 것은 통장에 잔고도 없는데 이자가 붙기를 바라는 것과 같다. 연습해서 안 되는 건 없다. 겁먹지 말고 지금부터 시작해보자.

> 실제로 많은 사람들이 '나는 스피치가 서투르다' 고 생각하지만, 절대 그렇지 않다. 오히려 "나는 사람들 앞에서 말하는 게 두렵지 않다. 말발이라면 누구한테도 지지 않을 자신이 있다"고 말하는 사람들이 문제다.

서로의 관계를 원만하게 하는 4A 법칙

1. ACCEPT 상대방의 이야기를 우호적으로 받아들여라.

2. ADAPT 그렇군요! 적극적으로 동조하고 긍정적으로 받아들여라.

3. ADMIRE 와, 정말 대단합니다! 상대방의 좋은 점을 인정하고 칭찬하라.

4. APPRECIATE 도움 주신 일 잊지 않겠습니다! 상대방의 호의에 감사를 표하라.

3

...

상대의 흥미를
끌 수 있는
화제를 선택하라

사람들에게 도움이 될 만한 정보를 많이 보유하고 있다는 것은 대인관계에 커다란 플러스 요인으로 작용한다.

"그 사람을 만나면 항상 시간이 가는 게 아쉬울 정도야. 이야기를 나누다 보면 내가 알지 못했던 유익한 정보를 얻게 되거든."

이런 평판을 듣는 사람이라면 어딜 가나 환영받기 마련이다. 사람들이 그와 나누는 대화에 흥미를 느끼는 이유는 다양한 정보를 얻기 때문이다. 꼭 경제적으로나 사업적으로 쓸모가 있는 것만 정보는 아니다. 상대의 흥미를 유발할 수 있는 화제라면 모두 정보가 될 수 있다.

아무리 질 좋은 정보라도 대화 상대에게 도움이 되지 못한다면 공허한 잡담에 불과하다. 이를테면 클래식 마니아를 자처하는 사람이 음악과는 담쌓고 사는 상대에게 장시간에 걸쳐 라흐마니노프나 바흐의 작품세계에 대해 신나게 떠벌린다면 어떨까.

이 경우 대화의 뒤끝이 썩 유쾌하지만은 않을 것이다. 자기 딴에는 아무리 이야기를 재미있게 한다 해도 듣는 사람의 호응을 이끌어내지 못하면 차라리 침묵하느니만 못하다.

이처럼 어느 한쪽의 일방적인 관심사를 전제로 하는 이야기는 대화라기보다는 지식의 남발에 가깝다. 예의상 어느 정도 흥미를 느끼는 척할 수도 있지만 들어주는 데도 한계가 있다. 듣기 좋은 꽃노래도 한두 번이라고 했다. 상대가 이야기에 집중하고 있는지 아닌지는 질문의 내용이나 빈도수를 보면 알 수 있다.

"그래서 어떻게 됐는데요?"

"아, 그게 그렇군요."

이야기 도중 이런 반응이 자주 나온다면 말수가 적은 상대라도 감정적으로 대화에 참여하고 있다는 뜻이다. 질문도 없고 '예'라는 맞장구가 유일하다면 알아서 마이크를 내려놔야 한다.

만약 제지를 당하지 않는다고 해서 일방적으로 떠든다면 대화 상대를 앞에 두고도 청중 없는 연설의 장을 만드는 것이나 다름없다. 결국, 시간이 갈수록 분위기가 시들해질 수밖에 없다. 그런데 정작 혼자만의 이야기에 열을 올리는 사람은 원인을 엉뚱한 데서 찾는다.

"사실 전 이렇게 수다스러운 사람이 아닌데 워낙 말씀이 없
으셔서 힘드네요. 제가 원래 말을 많이 하면 쉽게 지치는 타입
이거든요."

실컷 떠들어놓고는 마치 대단한 서비스 정신이라도 발휘한
것처럼 나오면 상대는 어이가 없다. 이런 사람은 자기 이야기
를 할 때만 웅변가가 된다. 상대는 점점 지치는데 말이 화수분
에서 쏟아지는 것처럼 해도 해도 끝이 없다. 그러다 결국 말하
는 사람이나 듣는 사람이나 맥이 탁 풀려버린다.

균형 감각은 대화를 유지하는 데 기본적으로 필요한 요소다.
일방적으로 떠들기를 좋아하는 사람은 대개 균형 감각이 결핍
돼 있는 것을 알 수 있다.

대화를 원만히 이끌려면 가급적 공통의 화제를 선택하는 것
이 바람직하다. 듣는 사람도 아는 이야기를 해야 자연스러운
대화가 이루어진다. 공통의 화제가 떨어진 경우엔 상대의 관심
사를 끌어들이는 방법도 있다. 대화 상대방에 대한 정보가 없
다면 질문을 통해서 관심사를 알아내면 된다. 초반에 확실한
탐색전을 거친 뒤 본격적인 대화를 이어가는 방법이다.

상대방의 질문이나 반응을 이끌어낼 수 있는 이야기라면 무
엇이든 좋다. 이 경우에는 아무리 오랜 시간 대화의 주도권을
쥐고 있어도 상대의 기분을 상하게 하지 않는다. 언뜻 보기엔

한 사람만 계속 떠드는 것 같지만 이미 대화가 진행되고 있는 것이다. 상대가 어떤 식으로든 반응할 수 있게 기회를 열어놓는 것이야말로 커뮤니케이션의 균형을 유지하는 가장 효과적인 방법이다.

분위기에 따라 이야기의 빠르기를 조절하는 것도 잊지 말아야 한다. 예를 들어 이야기가 길어지면 상대방의 휴대폰에 문자메시지가 오는 경우가 있다. 뭔가 급한 일이거나 심각한 내용일 수도 있는데 상대가 양해를 구하지 않는다고 해서 하던 이야기를 마저 하려 한다면 욕심이고 실례다.

이럴 땐 화장실에 가는 척하며 슬그머니 자리를 피해 주는 것도 편안하게 대화를 이어가는 방법이다. 그리고 다시 자리에 돌아와서는 가볍게 한마디쯤 물어봐 주는 것이다.

"계속할까요?"

생각이 다른 데 가 있는 상대를 붙잡고 눈치 없이 떠든다고 한들 그 이야기가 귀에 들어올 리 없다. 배려는 대화의 주도권을 잃지 않는 핵심 기술이다.

커뮤니케이션에서 진정한 배려는 대화가 완전히 끝날 때까지 상대방에 대한 관심의 끈을 놓지 않는 것이다. 이 원칙만 지키면 상대는 자신이 당신의 페이스에 말렸다고 생각하면서도 불쾌감을 가지지 않는다.

말을 많이 하거나 적게 하는 것은 대화의 질적인 부분과 전혀 상관이 없다. 간단하게 몇 마디 주고받는 것만으로도 충분하다. 상대는 대화를 바라는 것이지 당신의 이야기를 경청하기 위해 그 자리에 있는 게 아니라는 점만 잊지 않으면 된다.

> **❝** 상대가 어떤 식으로든 반응할 수 있게 기회를 열어놓는 것이야말로 커뮤니케이션의 균형을 유지하는 가장 효과적인 방법이다. **❞**

말에 관한 명언

- 한마디의 말이 들어맞지 않으면 천 마디의 말을 더 해도 소용이 없다. 그러기에 중심이 되는 한마디를 삼가서 해야 된다.
  - 채근담

- 질병은 입을 좇아 들어가고 화근은 입을 좇아 나온다.
  - 태평어람

- 말은 마음의 초상이다. - 레이

- 말을 많이 한다는 것과 잘한다는 것은 별개이다. - 소포클래스

- 누구도 자기가 하는 말이 다 뜻이 있어서 하는 것은 아니다. 그럼에도 자기가 뜻하는 바를 모두 말하는 사람은 거의 없다.
  - 애덤스

- 아는 것을 안다 하고 모르는 것을 모른다고 하는 것이 말의 근본이다. - 순자

- 가혹하고 부정적인 뜻이 함축된 말들을 피하라. - 리버만

- 언어에 대한 나의 한계는 세계에 대한 나의 한계를 의미한다.
  - 비트겐슈타인

4

...

대화의
공백을
두려워하지 마라

　지나치게 수다스러운 사람을 주의 깊게 살펴보면 의외로 성격이 소심한 경우가 많다. 소심하면서 수다스러운 사람의 두드러진 특징은 수다의 내용이 주로 자기 자신과 관련된다는 것이다. 다른 사람의 호감을 얻지 못하는 이유가 대화의 부족에 있다고 생각해 틈만 나면 자신의 장점을 어필하려고 드는 것이다.

　"나는 원래 이런 사람이야."

　누가 묻지도 않았는데 시작은 늘 이런 식이다. 상황과 관계없이 이런 말을 자주 하는 사람들은 관심을 독차지하고 싶어 하는 욕망이 강하다. 어떤 사람은 누구를 만나든 항상 꺼내는 레퍼토리가 있다. 자신의 성격이나 취향, 살아온 이야기 등을 쉴 새 없이 주절거린다. 같은 사람을 다음에 만나도 했던 말을 그대로 되풀이한다. 그러면서도 속으로는 상대가 자신을 어떻게 생각할지 몰라 불안해하며, 그 불안감이 말을 자꾸 길어지게 만든다.

사람이 수다스러워지는 또 다른 이유는 대화의 공백이 생기는 것을 두려워하기 때문이다. 이야기가 끊기는 것을 참지 못해 계속 재잘거리고, 분위기가 조금이라도 어색해지면 무슨 말이라도 해야 한다는 강박관념에 사로잡힌다. 그렇게 한참 잘 떠들다가도 주변의 반응이 만족스럽지 못하면 갑자기 풀이 죽곤 한다.

공허한 수다나 잡설은 듣는 사람을 피곤하게 만든다. 알맹이 없는 이야기가 길어질수록 당사자는 점점 더 조급해진다. 어떻게든 끝마무리를 멋지게 하고 싶지만 한 번 꼬이기 시작한 말은 걷잡을 수 없는 방향으로 흘러간다. 그런데도 언제 이야기를 제지당할지도 모른다는 강박관념 때문에 끊임없이 말을 해야 마음이 놓인다.

상대의 반응에 지나치게 집착하는 것도 일종의 정신병이다. 자신이 화제의 중심에 있지 않으면 소외되는 것으로 느끼는 심리가 이런 집착으로 나타나는 것이다.

대화의 흐름이 유연한지 아닌지는 상대의 입장에서 판단해야 한다. 또한, 반응이 성에 안 차면 알아서 판을 바꾸는 센스도 필요하다.

"우리, 다른 이야기 할까요?"

이렇게 운을 떼면 상대방이 반응을 보이기 마련이다.

"재미있는데 왜요?"

이런 반응이 나오면 대화를 이어가기가 한결 수월해진다.

"다른 이야기, 어떤 거요?"

이런 대꾸가 나오면 화제를 바꾸자는 신호다. 여기서 적당히 마이크를 넘길 기회가 생긴다. 그런데 눈치 없는 사람은 이 대목에서 또 속을 내비친다.

"뭐, 꼭 할 이야기가 있는 건 아닌데……. 아무튼 제 말이 재미없는 것 같아서요."

이것은 기껏 이야기를 들어준 상대를 두 번 골탕 먹이는 화법이다. 너는 지루하든 말든 나는 내 말을 더 하고 싶다는데 상대가 무슨 할 말이 있겠는가. 대화를 이런 식으로 끌고 가면 누구라도 질릴 수밖에 없다.

말하는 사람이 알아서 입을 다물기 전에는 싫어도 참고 견뎌야 하는 게 대화의 함정이다.

"재미없으니까 딴 얘기 합시다."

가족이나 친구 사이라면 모를까, 사회생활을 하면서 이런 말을 쿨하게 주고받을 수 있는 상대는 많지 않다. 상대가 기분 상할 것을 알면서도 마이크를 뺏어야 하는 불편함이 따르기 때문이다. 설사 지루함을 참고 견딘 끝에 무사히 끝낸다 해도 이후로는 대화할 일이 없을 수도 있다.

'웬만하면 이 사람한테 말 걸지 말아야겠군. 언제 끝날지도

모르는 이야기를 질질 끌며 횡설수설하잖아. 진짜 미치겠군!'

이것이 대화 도중 꿀 먹은 벙어리처럼 앉아 있는 상대의 마음속 아우성일 수도 있다.

사람은 누구나 좋아하는 상대 앞에선 수다스러워지는 경향이 있다. 눈에 콩깍지가 씌면 익히 아는 이야기도 그런대로 듣는 재미가 있다. 그러나 아무리 듣기 좋은 음악도 연속해서 듣다 보면 싫증이 나기 마련이다.

"나도 말 좀 하자."

이런 말을 할 정도가 되려면 서로 친밀함을 넘어 마이크를 뺏겨도 상처받지 않고 가볍게 웃어넘길 만큼 신뢰가 쌓여야 한다. 그렇지 않은 상태에서 계속 자기 말에 취해 있으면 대화의 끝이 좋을 수만은 없다.

주목받고 싶은 욕망은 누구에게나 조금씩 있다. 말수가 적어 보이는 사람도 자신에 대해 물어보는 것을 아주 싫어하지는 않는다. 프라이버시를 건드리지 않는 한 질문은 상대방을 적극적으로 대화에 동참시키는 역할을 한다. 딱히 궁금한 게 없다면 단도직입적으로 마이크를 넘길 수도 있다.

"원래 그렇게 말이 없는 편인가요?"

이 경우 상대가 원래 말이 없는 편이어서 '예'라고 대답해도 이야기를 끌어갈 여지는 충분하다. 이를테면 학창시절은 어땠는지 물어보면 다른 대답이 나올 수도 있다.

거듭 강조해도 지나치지 않은 대화의 철칙이 있다. 이야기의 절반은 듣는 사람의 몫으로 남겨야 한다는 것이다. 일방적인 업무상의 브리핑이 아닌 한 대화를 나눌 때는 늘 혼자 너무 길게 이야기하는 것은 아닌지, 상대가 지루함을 느끼지는 않는지 체크하는 지혜가 필요하다.

대화의 공백을 두려워하지 말자. 침묵도 대화의 일부다. 진실로 두려워해야 할 것은 의미도 없고 재미도 없는 수다를 견뎌내야 하는 지루함이다.

공백이 생기는 것은 수다보다 침묵이 필요하다는 뜻이기도 하다. 자신이 하는 말마다 일일이 대꾸해주는 것만이 좋은 대화는 아니다. 상대는 고개를 끄덕거리는 것만으로도 경청자로서 해야 할 역할을 충실히 수행한다고 보면 된다.

> **주목받고 싶은 욕망은 누구에게나 조금씩 있다. 말수가 적어 보이는 사람도 자신에 대해 물어보는 것을 아주 싫어하지는 않는다.**

5

. . .

표현의
마지노선을
지켜라

대화를 하다 보면 어떤 경우에도 넘지 말아야 할 마지노선
이라는 게 있다. 상대에 대한 비난이나 충고, 짓궂은 농담 등을
할 때 특히 주의해야 한다. 아무리 아슬아슬한 이야기라도 한
계에 도달하기 전에 멈출 수만 있다면 파국을 피할 수 있다.

사람들은 술에 취하면 긴장이 풀려서 말을 많이 한다. 평소
조용하던 사람의 말투가 갑자기 거칠어지는가 하면, 솔직한 감
정을 털어놓겠다고 두서없이 중언부언하는 경우도 있다.

"그만해."

"왜? 내 얘기가 듣기 싫으냐?"

"너 지금 많이 취했어. 그 얘긴 나중에 하자."

"에잇! 속 좁은 놈!"

"그래, 나 속 좁은 놈이다. 어쩔래?"

"잘난 척 좀 그만해."

여기까지는 그래도 괜찮다. 일상적인 농담의 한계를 넘지 않았기 때문이다. 하지만 자신의 감정을 통제할 수 없을 만큼 술에 취하면 사정은 달라진다. 이성과 감정의 경계가 모호해지면서 가슴에 맺힌 것들이 거침없이 표출되기 때문이다. 평소 마음에 담아두었던 상대에 대한 험담이나 비난이 폭포수처럼 쏟아지기 시작하는 것도 이때다.

"네가 무슨 강아지 새끼냐? 부장 꽁무니나 졸졸 따라다니게. 그렇게 충성한다고 그 인간이 거들떠보기나 할 것 같아?"

취중 폭언이 슬슬 모습을 드러내기 시작한다.

'친한 사이에 이 정도는 얘기할 수 있지.'

허심탄회한 대화를 가장한 악마의 속삭임이다. 아무리 술에 취해 하는 말이라도 사람의 인내력에는 한계가 있다. 동료로서 보기에 상대방의 태도가 좀 지나쳤다고 해도 이런 식으로 말해서는 안 된다. 특히 술자리에서는 판단력이 흐려질 수 있는 만큼 가급적 상대에 대한 비난을 피하는 게 좋다.

"말이 너무 심하네."

상대가 이런 반응을 보일 때는 대화에 적신호가 켜졌다는 방증이다.

"그러는 넌 윗사람한테 잘 보이려고 한 적 없어? 미친놈! 혼자 고고한 척하기는……. 쓸데없는 소리 그만하고 술이나 마시자."

상대가 그나마 언짢은 기분을 억누르고 분위기를 전환하려 하는 이때가 대화의 마지노선이다.

"뭐야? 그럼 내가 틀린 말 했다는 거야?"

거기다가 대고 이렇게 물고 늘어졌다간 결국 폭탄을 터뜨리는 격이다.

사회생활이 모두 내 뜻대로 되는 것은 아니다. 남들 보기엔 바보 같은 행동도 어쩔 수 없이 해야 할 경우도 있다. 그것은 누가 콕 짚어 지적하지 않아도 자신이 더 잘 안다.

아무리 하고 싶어도 결코 하지 말아야 할 말이 있다. 친한 사이에도 상대의 자존심을 자극하는 말은 절대금물이다.

"나 같으면 그렇게 안 산다."

이런 말은 함부로 할 말이 아니다. 어느 누가 남의 인생을 대신 살아줄 수 있겠는가.

불필요한 말 한마디가 인간관계를 회복 불능 상태로 몰고 갈 수도 있다. 입은 말하기 위해 존재하지만 침묵하는 용도로도 쓰인다.

어느 회사의 회식 자리에서 있었던 일이다.

K과장은 평소 농담 잘하고 성격 좋기로 유명한 사람이다. 부장의 특별한 신임을 받던 그는 이날 엄청난 실수를 하고 말았다.

"자 여러분, 술 마시기 전에 집에 전화부터 합시다. 술을 마시더라도 가정의 평화는 지켜야 할 것 아닙니까?"

여기까지는 그런대로 분위기가 괜찮았다.

"하여튼 K과장 공처가 기질은 알아줘야 해. 마누라가 그렇게 무서워?"

동료가 한마디 툭 던지자 K과장이 지지 않고 맞받아쳤다.

"그래도 나는 지금 내 마누라가 어디 있는지는 알잖아. 자넨 뭐 걱정되는 거 없어?"

그 순간 좌중은 물을 끼얹은 듯 조용해졌다. K과장은 무슨 영문인지 알 수 없었다. 그것은 동료가 퇴근 무렵 했던 말이 생각나서 던진 농담이었기 때문이다.

"우리 마누라 오늘 또 잠수 타겠네."

"왜?"

"휴가 갔거든. 오늘이 한 달에 한 번 있는 그날이야."

"전업주부가 무슨 휴가를 가?"

"전업주부니까 한 달에 하루는 휴가를 달라는 거야. 어딜 가는지 알려고 하지도 말래. 자신만의 시간이 필요하다나 뭐라나?"

"그래서 하루 동안 어디로 휴가를 가는데?"

"나야 모르지. 애들도 이날만은 아예 연락을 못 하게 했어. 식구들과 통화하다 보면 밥은 먹었는지, 뭘 먹었는지 이것저것 신경 쓰일 거 아니야? 살림하느라 고생하는데 이왕 휴가를 쓸 바에야 확실히 즐겨야지."

동료는 그래 봤자 동네 어디 찜질방에나 가 있을 거라며 아내의 행방을 전혀 개의치 않는 모습이었다. 그만큼 부부간에 신뢰가 쌓였다는 뜻으로 해석해 K과장도 자연스럽게 농담을 던졌던 것이다.

그런데 K과장의 농담을 듣자마자 동료들은 부장의 눈치를 힐끔힐끔 살폈다. 목덜미까지 벌겋게 달아오른 부장의 얼굴을 보는 순간 K과장은 아차 싶었다. 부장이 아내와 별거 중이라는 소문이 사내에 파다하게 퍼져 있다는 사실을 그만 깜빡했던 것이다.

심성은 착한데 자꾸 주변 사람을 언짢게 하는 사람이 있다. 대개는 다른 사람에 대해 무신경하게 내뱉은 말 때문에 벌어지는 일이다. '착하니까' 말실수를 하지 말라는 법은 없다. 전하지 말아야 할 말을 전했다면 그것도 말실수다. 설사 비밀이라고 강조하지 않더라도 남들에게 알려지기를 원치 않는 이야기를 본인만 알고 있을 수도 있다. 이 경우 상대는 고약한 사람에게 괴롭힘을 당한 것보다 더 큰 배신감을 가지게 된다. '착하니까' 믿은 사람에게 뒤통수를 맞았다고 생각하기 때문이다. 그러니 가급적 누군가에 대한 이야기는 사람들 앞에서 꺼내지 않도록 주의해야 한다.

농담도 때와 장소를 가려서 해야 한다는 걸 잘 알면서도 종종 잊을 때가 있다. 이런 실수를 막으려면 항상 대화 상대방을 염두에 두고 말하는 습관을 들이는 게 좋다. 상대에 대한 배려가 담기지 않은 말은 실없는 농담이라 해도 독이 될 수 있다.

악의가 없는 말도 듣는 사람에게 상처를 준다면 결국 악담이 되고 만다.

하지 말아야 할 말을 하지 않는 지혜는 배려에서 나온다는 것을 잊지 말자.

> 불필요한 말 한마디가 인간관계를 회복 불능 상태로 몰고 갈 수도 있다. 입은 말하기 위해 존재하지만 침묵하는 용도로도 쓰인다.

TIP

말, 말, 말!

- 모든 사람에게 너의 귀를 주어라. 그러나 너의 목소리는 몇 사람에게만 주어라.

- 말을 할 때는 자신이 이미 알고 있는 것만 말하고, 들을 때는 다른 사람이 알고 있는 것을 배우라.

- 무슨 이야기를 하기 전 생각할 여유가 있거든 그것이 말할 만한 가치가 있는지 없는지, 말할 필요가 있는지 없는지를 생각하라.

- 남의 말을 잘 듣는 사람이 된다는 것은 확실히 쉽지 않은 일이고, 또한 말을 잘하는 사람이 되는 것과 같을 정도로 중요하다.

- 성공의 비결은 남의 험담을 하지 않고 장점을 드러내 주는 데있다.

6

. . .

감사를
강요하지
마라

사람은 누구나 조금씩, 경우에 따라서는 상당히 이기적인 면이 있다. 정도의 차이는 있지만 자기 자신을 가장 아끼고 사랑한다. 누구나 이 세상에서 자신이 가장 소중하고 특별한 존재라고 생각한다.

가족이나 친구, 애인 등 당신이 누군가를 위해 마음을 써주는 것은 그 사람의 가치를 소중히 여기기 때문이다. 그러나 경우에 따라 이러한 마음 씀씀이가 오히려 상대를 불편하게 만들기도 한다.

더러는 형식적인 친절이 너무 지나쳐 불편함을 안겨주는 사람도 있다. 최고의 친절은 눈에 보이지 않는 행동에 있다. 정말 상대를 위해 베풀고 싶다면 그가 뭔가를 신세 지고 있다는 느낌이 들지 않게 세심히 배려해야 한다.

마음에서 우러나오지 않는 대접은 거래의 다른 모습에 불과하다. 내가 이만큼 주었으니 당신도 이만큼 해달라는 뜻이다. 업무상의 접대도 상대방이 접대 느낌을 받지 않도록 자연스러워야 좀 더 인간적인 결실을 얻을 수 있다. 그저 밥 사주고 술 사주는 것으로 끝나는 접대는 앞으로도 그렇고 그런 관계를 이어가자는 뜻 외에 아무것도 아니다.

선물을 할 때도 마찬가지다. 받는 사람의 마음을 불편하게 하는 선물은 뇌물이나 적선의 느낌을 갖게 할 위험이 따른다.

"요즘은 물가가 얼마나 올랐는지 화장품도 마음대로 못 사겠어."

한 고참 여직원이 사무실에서 푸념을 늘어놓았다. 남편이 갑자기 실직을 하는 바람에 그녀가 가정경제를 떠안게 된 사연은 동료들도 대강 알고 있었다.

이튿날 후배 여직원이 동료들 보는 앞에서 그 고참 여직원에게 화장품 가방을 열었다.

"언니, 이거 산 지 얼마 안 되는 거예요. 마음에 드시는 거 있으면 가지세요. 전 피부 트러블이 생겨서 다른 화장품으로 바꿨거든요."

후배 여직원은 꽤 고급스러워 보이는 화장품 세트를 권했다. 순간, 고참 여직원의 얼굴이 굳었다.

"이걸 왜 나한테 주는 거야?"

"예?"

"왜 이걸 나한테 주냐고?"

"언니한테 필요할 것 같아서요."

"쓰지 못하면 갖다버리든지 해. 괜히 선심 쓰는 척하지 말고."

"왜 사람 마음을 오해하고 그러세요? 제가 못 쓰는 화장품이라 이왕이면 언니한테 주고 싶었던 것뿐인데."

후배 여직원이 억울하다는 듯 항변했다.

"오해? 그럼 이게 날 특별히 생각해서 주는 선물이라도 된다는 거니? 왜 나한테 주고 싶었는데? 내가 그렇게 불쌍해 보였어?"

고참의 싸늘한 눈초리에 기가 질린 후배는 눈물까지 뚝뚝 떨구었다. 그 자리에 있던 동료들도 민망하고 당황해서 어쩔 줄 몰랐다.

결국, 호의를 베푼다고 한 것이 분란을 자초한 격이었다. 본심이야 어떻든 후배 여직원은 선물을 전달하는 기술이 부족했다. 어쩌면 자신이 베푸는 것에 대해 지나치게 큰 의미를 부여했을 수도 있다. 정말 선배를 위하는 마음에서 선물할 생각이었다면 방법을 달리할 필요가 있었다. 적어도 동료들이 보는 앞에서 요란스럽게 내밀지는 말았어야 했다. 게다가 무슨 특혜라도 베푸는 것처럼 굴어 상대방의 자존심을 할퀴고 말았다.

선물은 주는 사람보다 받는 사람을 위한 것이다. 그러므로 상대의 입장과 기분을 헤아려 선물을 주는 때와 장소를 가릴 줄도 알아야 한다. 아무리 좋은 뜻에서 하는 선물이라도 받는 사람의 프라이버시를 존중하지 않으면 오히려 기분 나쁜 흉물로 전락할 수도 있다. 선물은 귀한 것을 내주고도 호의를 베풀었다는 생각조차 없을 때 가장 빛난다.

"왜 고맙다는 말을 안 해?"

친절을 베푼 상대가 정색하며 이렇게 말한다면 기분 좋게 받아들일 사람이 얼마나 될까.

감정 표현을 강요당하는 것만큼 고역스러운 일도 없다. 고맙다는 감정은 어디까지나 개인적인 것이다. 그것을 말로 표현하든 조용히 가슴에 새기든 누구도 참견하거나 강요할 수 없다.

❝ 정말 상대를 위해 베풀고 싶다면 그가 뭔가를 신세 지고 있다는 느낌이 들지 않게 세심히 배려해야 한다. ❞

TIP

좋은 인간관계를 맺는 10가지 지혜

1. 순수한 관심을 표현하라.

2. 상대의 이름을 기억하라.

3. 항상 미소를 지어라.

4. 진심으로 칭찬하고 아낌없는 찬사를 보내라.

5. 상대의 입장에서 생각하라.

6. 상대를 최고라 생각하고 대하라.

7. 기대를 거는 만큼 격려하라.

8. 끝까지 상대의 말에 귀를 기울여라.

9. 상대의 실수를 지적하지 마라.

10. 잘못이 있으면 스스로 인정하라.

제4장

나에게 힘이 되는 대화법

아이크 하긴스의 이름과 얼굴 기억법

1. 처음 만난 사람의 이름을 들으면 그 자리에서 마음속으로 여러 번 되뇐다.

2. 그렇게 기억해둔 이름을 기회가 있을 때마다 되풀이해 외운다.

3. 그 사람을 만났을 때 똑똑한 발음으로 이름을 부른다.

4. 이름을 부를 때 얼굴의 특징을 기억하기 위해 당사자의 얼굴을 똑바로 바라본다.

5. 어떤 장소에서든지 그 사람을 만나면 이름을 부른다.

6. 초면인 사람이 이름을 가르쳐주지 않으면 다가가서 이름을 물어본다.

7. 잠들기 전 그날 만났던 사람들의 이름과 장소, 이야기 내용, 요점, 패션스타일 등을 상세히 기록한다.

8. 일주일 동안 만났던 새로운 이름과 얼굴을 기억해 다른 노트에 써보고, 자신의 기록과 일치하는지 확인해본다.

9. 얼굴은 생각이 나지만 이름을 잊어버렸다고 해서 단념하지 말고 얼굴과 이름이 일치될 때까지 위에서 제시한 노력을 반복한다.

1

...

남의 감정을
앞지르지 마라

김 과장은 월요일 출근길부터 곤란한 일을 겪었다. 도로 한 가운데서 갑자기 자동차 시동이 꺼지는 바람에 오도 가도 못하는 신세가 된 것이다. 주위를 둘러봤지만, 그 흔한 카센터 하나 눈에 띄지 않았다.

"하필 오늘 같은 날……."

김 과장은 짜증 섞인 목소리로 중얼거렸다. 오늘은 본부장이 주재하는 회의가 있는 날이다. 경기침체로 가뜩이나 회사 분위기가 안 좋은데 회의 시간에까지 늦는다면 자신을 대하는 상사의 시선이 어떨지는 뻔했다. 할 수 없이 차를 버리고 택시를 불렀다.

가까스로 출근 시간에 맞춰 도착한 김 과장이 엘리베이터를 기다리고 있을 때였다. 입사 동기인 신 과장이 김 과장의 어깨를 툭 치며 말했다.

"자네 표정이 왜 그래?"

"기분 언짢은 일이 좀 있었어."

"어제 늦게 들어갔다고 부부싸움 했구나?"

"그런 거 아니야."

"그럼 술에 취해 지갑을 잃어버렸나?"

"아니라니까!"

"옳아, 아들 녀석이 또 사고라도 친 모양이군?"

"그런 거 아니니까 그만 좀 해."

"왜 화를 내고 그래?"

김 과장은 더 이상 말하고 싶지 않아 입을 닫아버렸다. 엘리베이터를 타고 사무실까지 같이 올라가는 동안 둘은 한마디도 하지 않았다.

기분을 망친 것은 신 과장도 마찬가지였다. 자기 딴에는 언짢은 일이 있나 싶어 말을 걸었다가 졸지에 면박을 당한 꼴이 되었기 때문이다.

상대의 기분이나 의사는 무시한 채 말꼬리를 톡톡 가로채는 사람들이 있다. 그것을 상대에 대한 관심의 표현이라고 생각하면 심각한 오산이다. 질문도 정도껏 해야 한다. 적당히 맞장구칠 만한 범위를 넘어선 끼어들기는 명백한 월권이다.

'뭐야, 이 친구? 사람을 어떻게 보고 이런 소릴 하는 거야?'

한 번 아니라고 했으면 그만이지 계속 귀에 거슬리는 말을 늘어놓는다면 듣는 입장에선 불쾌할 수밖에 없다.

사람들 사이의 분쟁은 대부분 상대의 말을 끝까지 듣지 않고 제멋대로 앞질러가거나 상황을 왜곡해서 받아들일 때 일어난다. 허물없는 사이라도 이런 식으로 대화가 자꾸 어긋나면 관계가 멀어질 수밖에 없다. 소통이 불가능한 관계는 언제라도 무너질 위험이 있는 모래성과 같다.

남의 말을 앞서가는 사람들의 마음속에는 '내가 당신에 대해 이만큼 알고 있다'는 자신감 또는 친근감이 내재돼 있다. 그러나 관심이 도를 넘어서면 간섭이 된다. 가는 말만 많아서 좋아지는 관계는 없다. 일방통행을 고집하다가는 오만하거나 경망스럽다는 평판을 듣기 십상이다.

상대의 감정까지 넘겨짚으려 드는 것은 과욕이다. 이런 태도만큼 서로의 관계를 불편하게 만드는 건 없다. 친한 친구 사이라고 해서 감정까지 세세히 들여다볼 수는 없다.

"나 오늘 굉장히 우울해."

친구가 이렇게 말할 때 속사정까지 일일이 헤아려 위로해줄 수 있다면 좋겠지만, 그렇지 못한 경우도 있다. 고민의 이유를 말하지 않는 상대 앞에선 무리한 감정 낭비를 삼가고 적당히 넘어가 주는 것도 서로에게 득이 되는 화법이다.

당장 그 마음을 읽어내지 못한다고 해서 두 사람의 우정에 금이 가는 것도 아니다. 이럴 때는 "너 또 무슨 사고 쳤구나?" 하고 앞서가기보다는 "무슨 일인데?" 하고 묻는 것이 위험 부담도 적고 상대의 마음을 편하게 해주는 화법이다.

원치 않는 이야기가 계속되면 이를 듣는 사람도 입장을 분명히 해야 한다. 본인의 상태와는 관계없이 상대가 엉뚱한 방향으로 이야기를 몰아간다면 한 번쯤 구체적으로 짚고 넘어갈 필요가 있다.

그런데 이때 자신의 감정을 솔직히 드러내는 것이 쉬운 일은 아니다. 특히 가까운 사람에게는 불만이 있어도 속마음을 제대로 말하지 못할 때가 많다. 말을 앞지르는 상대가 언짢기는 해도 악의가 있어 그러는 게 아니라는 것을 알기 때문에 더더욱 말문을 열기 어렵다. 이 상황에서 솔직한 심정을 털어놓으려면 어느 정도 용기가 필요하다.

여고 동창인 A와 B는 하루가 멀다 하고 만날 만큼 친한 사이였다. B는 매사에 직설적이고 뒤끝이 없는 성격이다. 문제는 그런 태도로 인해 주변 사람들이 종종 마음을 다친다는 점이었다. A도 그 가운데 하나였다.

하루는 둘이 식사를 하기로 하고 식당가를 둘러보던 길이었다. 어느 집이 좋을까 궁리하다가 B가 물었다.

"뭘 먹을래?"

"넌 뭐가 먹고 싶은데? 난 아무거나 좋아."

A의 대답에 B는 그럴 줄 알았다는 듯 말했다.

"넌 항상 그게 문제야. 왜 분명하게 의사 표현을 안 하니? 저기 가서 삼겹살이나 먹자."

B는 그렇게 툭 내뱉고는 고깃집 문을 열고 들어갔다.

사실 A는 매운 아귀찜이 먹고 싶었지만 B가 싫어할지도 모른다는 생각에 메뉴 선택을 양보한 것이었다. A는 그런 마음도 몰라주는 B가 야속했으나 내색을 하지는 않았다. 식사 자리에서 그런 사소한 문제로 얼굴을 붉히고 싶지는 않았기 때문이다.

며칠 뒤 A는 B에게 전화를 걸었다. 둘 사이의 우정을 위해서라도 의사표시를 확실히 할 필요가 있겠다 싶어서였다. 물론 B의 속마음을 모르는 바 아니었지만 B가 한 번씩 속을 뒤집어놓을 때마다 불쾌감이 며칠씩 이어질 때도 있었다.

"사실 오래전부터 이 말을 하고 싶었는데, 나에 대해 너무 단정적으로 말하지 않았으면 좋겠어. 솔직히 그런 말 들을 때마다 속상해. 다른 사람들한테는 나도 의견을 분명히 밝히는 편이야. 어떨 땐 고집스럽단 말도 들어. 그날만 해도 그래. 넌 내가 아무거나 먹자고 한 게 생각이 없어서 그런 줄 알았지? 사실은 매콤한 아귀찜이 먹고 싶었는데 그걸 먹자고 하지 않은 건 너한테 선택권을 주고 싶었기 때문이야."

A는 나름대로 조심스럽게 대화를 풀어나가려 애썼다.

"바보야, 불만이 있으면 그때그때 얘기를 하지 뭐하러 꽁하게 담아두고 있어? 난 그런 뜻으로 말한 게 아닌데, 불쾌했다면 사과할게. 아무튼, 미안하다. 설마 아직도 화가 덜 풀린 건 아니지?"

진지한 대화를 통해 그간 마음속에 쌓였던 앙금을 풀어보려 했던 A의 시도는 수포로 돌아갔다. B의 미안하다는 말 한마디에 보기 좋게 날개가 꺾이고 만 것이다.

A로서는 허탈하기 짝이 없는 일이었다. 어쨌든 그때그때 말을 하지 못한 것은 자신의 실수였다. 그리고 당사자인 B가 사과까지 하는데 계속 말꼬리를 잡고 늘어진다는 것도 우스운 일이었다.

결국, A는 아무 소득도 얻지 못하고 통화를 끝냈다. 오히려 B에게 속 줍고 소심한 사람이라는 인식만 심어준 꼴이었다. 사태가 이 지경에 이르자 A는 B를 만나는 것이 피곤하고 부담스러워졌다. B가 자신을 편하게 생각해서 그러는 것이려니 하다가도 어느 순간 자신을 무시하는 게 아닌가 하는 의문이 고개를 들었다.

'누군 뭐 할 말이 없어서 입 다물고 있는 줄 아나? 한 번만 더 그러면 아예 절교해버릴 테다!'

A의 가슴속에는 B에 대한 나쁜 감정이 쌓여만 갔다. 그러던 어느 날, 인내심의 한계를 느낀 A가 분노의 칼을 뽑아 드는 사건이 벌어졌다.

어느 날, A와 B는 함께 여고 동창 C를 만났다. C는 직장을 그만두고 다단계 회사에 취직했다며 물건을 팔아달라고 했다. B는 그 자리에서 거절했지만, A는 좀 더 생각해보겠다고 대답했다. 자신은 그 물건이 필요 없지만, 혹시 가족들이 원한다면 하나쯤 팔아주고 싶었던 것이다.

그런 A를 향해 B가 핀잔을 주었다.

"왜 당당하게 거절을 못 하는 거야?"

그 순간 A의 분노가 폭발했다.

"남의 감정이나 기분 따위는 무시해도 괜찮다는 거니? 너처럼 함부로 말하는 친구하고는 더 이상 상대하고 싶지 않아. 우리, 차라리 만나지 말자!"

A가 절교를 선언하자 B는 오히려 황당하기 짝이 없다는 투로 따졌다.

"내가 널 언제 우습게 대했니? 왜 그렇게 오버하는 거야? 내가 무슨 말을 그렇게 함부로 했다고 그래? 친구로서 충고 좀 하면 안 돼? 나는 네가 어떤 말을 해도 이런 식으로 뒤통수를 치지는 않아. 우리 사이가 겨우 그 정도였어?"

뒤이어 날아온 B의 한마디는 두 사람의 관계를 돌이킬 수 없게 하는 직격탄이었다.

"너 혹시 나한테 무슨 콤플렉스 같은 거 있니?"

이쯤 되면 두 사람 사이는 회복불능 상태라고 할 수 있다. 친구로서 관계를 지속해야 할 의미조차 무색해진 것이다.

함부로 남의 감정을 넘겨짚는 것만큼 위험하고 독선적인 행동은 없다. B는 친구인 A를 상대로 과욕을 부렸다. 물론 A에게도 문제가 있었다. A는 처음부터 B의 행동에 제동을 걸었어야 한다. 만약 A에게 오랫동안 일방적으로 당해왔다는 피해의식이 없었다면 절교까지 선언하지는 않았을 것이다.

　오랜 친구 사이에는 타성이 생기기 마련이다. 상대가 아무 생각 없이 내뱉는 말이 자신에게는 상처가 될 수 있다. 그럴 때는 혼자 가슴앓이를 하기보다는 적극적으로 대처해야 한다. 친구를 위한답시고 혼자 끙끙거리고 있으면 문제 해결에 아무 도움이 되지 않을뿐더러 상황을 악화시킬 뿐이다.

　발전적인 인간관계를 위해서는 자신의 기분을 솔직히 표현할 줄 알아야 한다. 속마음을 꽁꽁 묻어두고 있으면 아무도 진심을 알아주지 않는다. 화는 쌓아두면 독이 되고, 오해는 풀면 약이 된다. 피곤한 인생, 마음을 다치면서까지 착하게 살려고 애쓸 필요는 없다.

❝ 고민의 이유를 말하지 않는 상대 앞에선 무리한 감정 낭비를 삼가고 적당히 넘어가 주는 것도 서로에게 득이 되는 화법이다. ❞

강한 인상을 심어주는 방법

- 자기만의 이미지를 구축하라.

- 열정을 표현하라.

- 핵심을 찌르는 간결한 언어로 유머 감각을 발휘하라.

- 침묵을 조절하라.

- 대화의 순서를 역전시켜라.

- 한꺼번에 너무 많은 장점을 어필하려고 들지 마라.

- 공적이든 사적이든 한 번쯤은 누구도 예상치 못한 정보를 공
  개해 이목을 집중시켜라.

- 풍부한 표현력으로 언어를 시각화하라.

2

...

먼저
말 걸기를
두려워하지 마라

낯선 사람을 상대하는 것을 극도로 꺼리는 친구가 있다. 그 친구는 낯선 장소에서도 다른 사람에게 길을 묻는 법이 없다. 조금 시간이 걸리더라도 지도 검색을 해서 찾아가는 것이 훨씬 편하다고 한다. 업무상 꼭 만나야 할 사람이 있어도 자신이 직접 연락하기보다는 중간에 다리를 놓아줄 누군가를 찾는다. 성격상 아무래도 그렇게 해야 대화를 풀어나가는 데 심적 부담이 덜하기 때문이다. 그렇다고 매번 누군가에게 도움을 청할 수는 없는 일이다.

사람은 어쨌든 타인과의 관계를 통해서 성장한다. 낯선 사람에게 말 걸기를 주저하는 이유는 대체로 대화의 부작용이나 불협화음을 의식하기 때문이다. 기껏 용기 내서 말문을 열었는데 상대의 반응이 시큰둥하면 누구나 머쓱해지기 마련이다. 업무

관계로 만났다면 더욱 그렇다. 대화의 첫 단추를 잘못 끼우면 두 번째 고개를 넘어가기가 어렵다.

학창시절에 냉장고용 탈취제를 파는 아르바이트를 한 적이 있다. 찬밥 더운밥 가릴 처지가 아니라 무작정 거리로 나서긴 했는데, 어딜 가서 누구에게 말을 걸어야 할지 막막하기만 했다.

일단 아무 데나 들어가서 하나만 팔아보자 생각했다. 그 와중에도 가정집 문을 두드릴 엄두는 내지 못했다. 물건을 팔려면 아무래도 가정집보다는 사람들이 모여 있는 곳이 나을 것 같았다.

그날 내가 처음 문을 열고 들어간 곳은 봉천동의 어느 나이트클럽이었다. 마침 손님이 뜸한 시간이라 부담감이 덜했다.

"안녕하세요?"

"무슨 일이지?"

"아르바이트하는 학생인데요, 이 냉장고 탈취제 아직 안 써보셨죠?"

어디서 그런 용기가 났는지 성큼성큼 중년 남자에게 다가갔다. 지배인으로 보이는 그 남자는 '이건 또 뭐야?' 하는 눈길로 나를 훑어보고는 한마디 툭 던졌다.

"안 써봤는데?"

그러니 어쩌라는 말이냐, 상대는 무언중에 그렇게 말하고 있었다.

"한번 써보시라고……."

나는 주눅이 들어 말끝을 흐렸다. 상대가 "됐어, 그만 나가" 하고 나오면 조용히 돌아 나오는 수밖에 없었다.

"이런 걸 누가 쓰는데?"

다행히 물꼬가 터졌다.

"저희 어머니도 이걸 쓰십니다. 품질은 어디 내놔도 손색이 없다고 하셨어요. 사장님도 한번 써보시고 효과가 있으면 계속 애용해주세요. 물건은 언제든 갖다 드리겠습니다."

내친김에 미리 준비한 멘트를 팍팍 날렸지만, 솔직히 쥐구멍에라도 숨고 싶은 심정이었다.

"어머니가 보증하는 제품이라……."

상대의 입가에 떠오르는 미소를 보면서 나는 속으로 쾌재를 불렀다.

그날 운수가 좋았는지 처음 들어간 나이트클럽에서 나는 냉장고 탈취제를 열 개나 팔았다. 사실 그 물건을 보증한다고 말한 사람은 함께 아르바이트를 하는 친구의 어머니였다. 내 어머니는 그 제품은 물론 내가 아르바이트를 한다는 사실도 모르셨다.

살다 보면 약간의 위험부담을 감수하더라도 대화를 시도해야 할 경우가 적지 않다. 어떤 목적이 있어 사람을 만날 때, 무리한 요구인 줄 알면서도 협상을 시도할 때, 상대의 주장과 나의 의견이 상반될 때, 좋고 싫은 감정을 표현해야 할 때…….
이런 상황이라면 먼저 말문을 열어야 한다.

이럴 때 많은 사람들은 상대에게 거절을 당하면 어쩌나, 혹
시 관계가 소원해지는 건 아닐까 하고 두려워한다. 그로 인한
스트레스가 이만저만이 아니다. 그러나 어떤 커뮤니케이션이
든 위험부담은 있다. 같은 말이라도 상황이나 받아들이는 입장
에 따라 의미가 달라질 수 있기 때문이다.

업무가 많아 야근을 해야 하는 동료가 당신에게 "오늘 저녁
에 별일 없지?" 하고 묻는다면 질문의 요지는 뻔하다. 자신을
도와 함께 야근을 해줄 만한 상황인지 어떤지를 타진해보는 것
이다. 거기다가 대고 "왜? 나한테 무슨 일이라도 생기기를 바라
는 거야?" 하고 면박을 준다면 그 동료는 말문이 막혀버릴 것
이다. 성공적인 커뮤니케이션을 위해서는 상대를 배려하는 마
음을 가져야 한다.

"왜? 특별한 일은 없는데. 나한테 지금 SOS 날리는 거야?"
이렇게 말문을 터주면 대화의 실마리는 저절로 풀린다.

직장 상사에게 반대 의견을 제시할 때는 침착함을 잃지 말아
야 한다. 처음에는 어느 정도 불편한 심기를 드러내겠지만, 진
지하게 이야기를 나누다 보면 의견 차이를 좁혀갈 수 있고 공
감대를 형성할 수도 있다.

최악의 경우 당신의 의견이 묵살당하더라도 낙담할 필요는

없다. 최소한 당신은 상사라는 막강한 존재 앞에서 주눅 들지 않고 분명히 의사를 표현했다는 점에서 충분히 가치 있는 행동을 한 것이다.

먼저 말 걸기의 또 다른 장점은 위험부담이 따르는 만큼 커뮤니케이션 센스가 늘어난다는 점이다. 어떤 말을 할 때 상대가 반론을 제기할 것을 뻔히 알기 때문에 먼저 말을 꺼내는 사람은 그만큼 준비를 철저히 하게 된다.

예를 들어 물건값을 한 푼도 깎아줄 수 없다는 상인에게 이렇게 한번 찔러보는 것이다.

"다른 가게에도 똑같은 물건이 있던데 좀 깎아주세요. 사장님 인상이 좋아서 웬만하면 여기서 사고 싶은데……."

그러면 십중팔구는 흥정을 붙여오기 마련이다.

자신의 뜻을 관철시키려면 확실한 판단력만큼이나 강한 용기가 필요하다. 말하지 않고는 아무것도 얻을 수 없다.

시작이 반이다. 일단 하고 싶은 말부터 꺼내라. 본론부터 앞세우면 상대는 자신이 왜 그 이야기를 들어야 하는지 의문을 나타낼 수도 있다. 여기서 겁먹을 것은 없다. 대화의 물꼬가 터진 이상 상대를 공략할 기회를 잡은 것이나 다름없다.

> ❝ 어떤 목적이 있어 사람을 만날 때, 무리한 요구인 줄 알면서도 협상을 시도할 때, 상대의 주장과 나의 의견이 상반될 때, 좋고 싫은 감정을 표현해야 할 때는 먼저 말문을 열어야 한다. ❞

TIP

인생에서 승리하는 5가지 비결

1. 자신의 말과 행동에 책임을 져라.

2. 칭찬과 비난을 겸허하게 받아들여라.

3. 자신의 재능과 적성을 파악한 뒤 단계별 계획을 세워라.

4. 자신의 능력을 믿고 목표를 향해 매진하라.

5. 역경은 피하지 말고 적응하라.

3

· · ·

자신이 만든
이미지에
현혹되지 마라

많은 사람들 앞에서 이야기한다는 것은 어려운 일이다. 정도의 차이는 있겠지만, 청중 앞에 서면 긴장하는 게 당연하다. 어떤 사람은 너무 긴장한 나머지 말을 더듬기도 하고, 생각지 않은 말이 불쑥 튀어나와 곤욕을 치르기도 한다.

여러 명의 상사 앞에서 자신의 의견을 발표하는 자리라면 긴장도는 더욱 높아질 것이다. 이럴 때는 최대한 자연스럽게 자신을 드러내는 것이 스피치를 성공적으로 해내는 요령이다. 억지로 꾸미려다 자신감이 부족하고 가식적인 느낌을 주기 쉽다. 다소 서툴더라도 자신의 의견을 솔직하고 분명하게 전달할 수 있어야 한다.

어느 회사에 입이 거칠기로 유명한 부장이 있었다. 그는 부하직원들에게 입에 담기조차 힘든 폭언을 하곤 했다. 그런 그가 회의 시간만 되면 전혀 다른 사람으로 돌변한다. 말투는 물론 표정까지 그렇게 진지하고 부드러울 수가 없다. 회사 홈페이지 게시판에는 부장의 이런 이중적 태도를 비꼬는 글이 더러 올라올 정도다.

사람의 인상이라는 것이 하루아침에 달라질 수는 없다. 공개석상에서 나름대로 자상하고 이해심 많은 상사로 보이고 싶은 심리를 이해하지 못할 것은 없지만, 그것이 자신의 본모습과 무관하다면 오히려 반발심을 불러일으키기 쉽다.

남에게 대접받고 싶다면 겸손할 줄도 알아야 한다. 스스로 자신을 높이는 행동은 기존의 긍정적인 이미지마저 깎아 먹는다. 자신의 지위나 재산을 배경 삼아 거들먹거리는 모습만큼 보기 흉한 것도 없다. 권위란 스스로 내세운다고 해서 세워지는 것이 아니다.

어떤 사람에 대한 이미지는 그 사람을 만나고 최초 1분 안에 결정된다고 한다. 그 1분 안에 우리는 무엇을 할 수 있을까?

마음 같아선 자신의 좋은 면만 돋보이게 하고 싶겠지만, 인간인 이상 단점도 결점도 있다. 가린다고 가릴 수 없는 게 있고 아무리 숨겨도 숨길 수 없는 게 있다. 외면은 제법 그럴듯하게 꾸밀 수 있지만, 그 속에 감춰진 내면은 언제 어디서 본모습을 드러낼지 알 수 없다. 결점을 감추려고 오버하다보면 부작용이 생기기 마련이다.

업무상 중요한 사람이거나 자신이 호감을 느끼는 상대를 만나 이야기할 때는 누구나 긴장하게 된다. 겉으로는 태연한 척해도 속은 편치 않다. 무엇보다 먼저 상대의 반응부터 살피게 된다. 공연한 말로 상대에게 부정적인 느낌을 주는 건 아닐까 하는 불안감 때문에 심리적으로 위축된다.

타인에게 호감을 얻는 비결은 의외로 간단하다. 호감의 요인은 꾸미지 않은 인간적 면모, 즉 그 사람의 타고난 성품에서 나온다. 잘났든 못났든 상관없다. 자신의 결점이라고 생각되는 모습까지 당당하게 내보일 줄 알아야 한다.

"사실 제가 좀 긴장이 돼서요."

"제가 말주변이 없어서 말입니다."

이렇게 말하면 상대는 '솔직한 면이 있구나' 하고 오히려 친근하게 받아들일 수도 있다.

물론 그 솔직함이 단점으로 작용할 수도 있다. 이를테면 성격이 소심한 사람이 자신을 있는 그대로 드러낸다고 해서 모든 사람에게 호감을 얻을 수 있는 것은 아니다. 더러는 그 소심함 때문에 일의 진행이 늦어질 수도 있고, 주변 사람들에게 답답하다는 평을 듣기도 한다. 그렇다고 위축될 필요는 없다. 하고 싶은 말을 분명히 전달할 수만 있다면 대화의 목적은 일단 달성한 셈이다.

사람의 성격과 품성은 아무리 감추려 해도 언젠가는 드러나기 마련이다. 그러므로 아예 처음부터 있는 그대로의 모습을 보여주는 것이 결과적으로는 더 좋은 선택일 수 있다.

어느 베테랑 보험설계사의 초보 시절 경험담이다.

그는 워낙 성격이 소심해서 낯선 사람과 대화를 한다는 것 자체가 모험이었다. 그런 사람이 보험설계사로 나섰으니 전화로 고객과 약속을 잡는 것부터가 고역이었다. 망설인 끝에 전화를 걸면 1분도 안 돼 말문이 막히곤 했다.

생판 모르는 사람이 전화를 걸어 보험 얘기를 꺼내면 사기꾼 취급하지는 않을까, 다짜고짜 화를 낼지도 모르는데 약속을 잡을 수는 있을까, 만난다 해도 내 성격에 일을 제대로 처리할 수는 있을까……

불안감이 고개를 들 때마다 그는 더욱더 의기소침해졌다. 그렇게 몇 날 며칠을 허비하던 중 문득 이런 생각이 들었다.

'어차피 사람을 상대로 하는 직업을 택한 이상 성격을 바꾸지 않으면 이 일은 할 수가 없다. 소극적이고 소심했던 나는 이제 없다. 되든 안 되든 일단 부딪혀보자!'

막상 이렇게 마음을 먹으니 겁날 게 없었다.

그날 오후, 그는 무작정 낯선 사무실의 문을 열고 들어갔다. 그러고는 활짝 웃으며 고객을 향해 걸어갔다. 머릿속에 떠오른 생각은 오직 하나, 자신은 보험설계사로서 지금 이곳에 왔다는 사실뿐이었다.

마음을 추스르고 나니 첫 말을 떼기가 한결 수월했다고 한다. 그 결과 전혀 주눅 들지 않고 고객과 대화를 나눌 수 있었고, 의외로 자신에게 대범한 구석도 있다는 사실을 발견하게 되었다.

스스로 '나는 이러이러한 사람'이라고 단정 짓고 나면 그만큼 행동반경이 좁아진다. 사람을 상대하는 일에도 제약이 따른다. 우물 안 개구리는 좁고 컴컴한 우물이 세상의 전부인 줄 안다. 자신이 만든 이미지와 틀에 갇혀 새로운 시도나 도전을 포기하는 것만큼 무의미한 인생은 없다.

소심함이나 대범함은 그 사람이 지닌 여러 가지 특성 가운데 하나일 뿐이다. 어느 하나를 지나치게 의식하면 오히려 자신의 본모습을 잃어버리게 된다. 진정한 자신, 자기다움은 자연스럽게 우러나온다. 남에게 보여주고 싶은 모습만 보이려면 평생을 고집스럽게 가짜 인격 속에 갇혀 살 수밖에 없다.

충분히 긴장할 만한 상황인데 짐짓 여유를 부린다거나 속으로는 위축이 되는데 그렇지 않은 척 꾸미는 것은 서로를 피곤하게 만들 뿐이다. 진실이 결여된 속임수는 금방 들통나기 마련이다. 그런 상태로는 결코 마음 통하는 대화가 이루어지지 않는다.

세련된 화술보다 더 중요한 것은 말하는 사람의 진심이 담긴 태도다. 말투나 태도는 꾸밀 수 있어도 마음 없는 말에는 누구나 볼 수 있는 꼬리가 달려 있다. 다만 그 꼬리를 밟히는 시간이 조금 길거나 짧거나 하는 차이가 있을 뿐이다.

> 억지로 꾸미려다 자신감이 부족하고 가식적인 느낌을 주기 쉽다. 외면은 제법 그럴듯하게 꾸밀 수 있지만, 그 속에 감춰진 내면은 언제 어디서 본모습을 드러낼지 알 수 없다.

말에 대한 좋은 말

- 훌륭한 언어의 문법은 사리 분별력이다. - 세르반테스

- 사람을 치더라도 얼굴을 치지 말고, 사람을 욕해도 단점은 들 춰내지 말아야 한다. - 중국 격언

- 군자는 말을 잘하는 사람의 말에만 귀를 기울이지 않고 말에 서툰 사람의 말도 귀담아듣는다. - 공자

- 끈과 인사는 매듭을 잘 지어야 한다. - 중국 격언

- 믿음이 있는 말은 아름답지 않고, 아름다운 말은 믿음이 없다. - 노자

- 네가 한 언행은 너에게로 돌아간다. 즉, 선에는 선이 돌아가고 악에는 악이 돌아간다. - 증자

- 대개 격언이나 명언이라고 하는 것은 잘 이해할 수 없어도 때 론 놀랄 만큼 쓸모가 있다. - 푸시킨

- 말도 행동이고 행동도 말의 일종이다. - 에머슨

- 장사를 할 땐 장사 이야기만 하라. - 중국 속담

4

...

상대의
장점을
부각시켜라

말이란 그 사람의 개성을 나타낸다. 사람마다 성격과 취향이 다르듯이 말에도 다양한 색깔과 스타일이 존재한다. 말투가 어눌하고 단조로운 사람이 있는가 하면 톡톡 튀는 감각적 표현으로 세련된 화술을 구사하는 사람, 유창한 언변으로 좌중을 압도하고 어떤 상대라도 자기편으로 끌어들이는 재능을 가진 사람도 있다.

이야기가 화려하고 재미있을수록 상대를 끌어들이는 흡입력도 강하다. 이런 기술은 무작정 따라 한다고 해서 익힐 수 있는 게 아니다. 말과 행동이 자연스럽게 어우러지지 못하면 그 어떤 미사여구를 동원해도 상대의 마음을 움직일 수 없다.

가장 효과적인 대화법은 상대의 기분을 좋게 하면서 내가 원하는 바를 얻는 것이다. 듣기 좋은 말로 입이 닳도록 찬사를 늘어놓는다고 해서 상대를 기분 좋게 하는 화법은 아니다. 듣기 좋으라고 하는 말일수록 냉정하고 객관적인 판단을 전제로 해야 한다. 구체적인 근거도 없이 치켜세우는 말은 오히려 상대를 언짢게 한다. 덕담을 건네도 듣는 사람이 수긍할 수 있는 범위 안에서 칭찬해야 하는 것이다.

분위기를 띄운답시고 무턱대고 맞장구를 치거나 굳이 안 해도 될 찬사를 남발한다면 상대를 바보로 만드는 것이나 마찬가지다.

"멋지십니다."

"존경합니다."

앞뒤 없이 이런 말을 내뱉는다고 좋아할 사람은 진짜 바보거나 자아도취증 환자일 가능성이 높다.

어렵게 생각할 것 없이 상대를 기분 좋게 하려면 있는 사실을 느낀 그대로 말하는 게 최선이다. 누구에게나 장점은 있다. 그 느낌을 구체적으로 표현하면 된다. 그것은 태도나 성격, 외모와 관련된 것일 수도 있고 그가 가진 재능에 대한 이야기가 될 수도 있다.

이처럼 상대의 좋은 면을 부각시키는 화법을 사용하면 커뮤니케이션도 활발해진다. 다만 외모에 대한 평가는 되도록 신중히 해야 한다. 누가 봐도 잘생긴 사람에게 "잘생기셨네요!" 하면 별 효과가 없을뿐더러 자칫하면 아첨으로 비칠 수도 있다. 특별히 눈에 띄는 장점이 없을 때는 상대방의 패션이나 액세서리에 주목하는 것도 나쁘지 않다.

호감을 표현할 땐 구체적으로 하는 것이 중요하다.

"넥타이가 멋지십니다."

그냥 멋지다고 하는 것보다 훨씬 구체적인 표현이다.

말하는 것이 다소 어눌해도 상관없다. 자신의 의사표시만 분명히 할 수 있으면 된다. 중요한 것은 자신이 말하려는 바를 분명하고 알아듣기 쉽게 전달하는 일이다. 쓸데없이 현학적 표현을 늘어놓는다고 해서 말을 잘하는 사람은 아니다. 때로는 인생의 심오한 진리가 소박한 말 한마디로 표현될 수 있다.

말솜씨가 좋은 사람들을 주의 깊게 살펴보면 일단 타인에 대한 관찰력이 뛰어나고 남의 말을 경청하는 습관이 있다는 것을 알 수 있다. 아는 것이 힘이다. 가는 게 있어야 오는 것도 있다. 상대방에 대한 관심은 결국 자신을 향한 관심으로 돌아오게 돼 있다.

간혹 천부적인 말솜씨를 타고난 사람도 있다. 누구와 이야기를 하든지 거침이 없고 어떤 상황에서도 반응을 이끌어내는 이야기꾼 말이다. 스스로 말솜씨가 부족하다고 생각하는 사람이 그런 상대를 만나면 자신도 모르게 주눅이 들고 만다.

'나도 저렇게 말을 잘할 수 있으면 얼마나 좋을까?'

부러운 생각이 들다 못해 자신이 한심하게 느껴지기까지 한다. 그렇다고 해서 입을 다물어버린다면 그 사람과는 영영 타인으로 지낼 수밖에 없다.

말이란 사람과 사람이 교감할 수 있는 소통의 도구다. 사람들 속에 섞여 살아가려면 대화가 절대적으로 필요하다. 달리 선택의 여지가 없다면 방법은 하나, 있는 그대로의 자기 모습으로 부딪쳐보는 것이다.

사람은 누구나 자신이 가지지 못한 것을 지나치게 크게 느끼고 부끄러워하기 마련이다. 바로 이런 습성 때문에 종종 자신의 참모습을 잃어버리곤 한다. 남의 장점에만 눈이 가 있으면 자기 자신을 제대로 볼 수 없다. 그것은 자신을 스스로 몰개성의 늪으로 몰아넣는 것과 같다.

사람은 저마다 독특한 개성을 지닌다. 개성이 없다는 말을 듣는 사람조차 그 '개성 없음'이 그 나름의 개성이라고 할 수 있다. 단지 그것이 강하게 드러나느냐, 약하게 드러나느냐의 차이가 있을 뿐이다.

자신의 개성을 활발히 드러낼 줄 아는 사람은 어디에서나 당연히 주목을 받는다. 반대로 매사에 소극적으로 행동하는 사람은 있는 듯 없는 듯 가려지는 법이다.

말솜씨를 익히는 것도 개성을 살리는 일과 같다. 말투는 그 사람의 고유한 언어습관, 그 사람만의 독특한 버릇이다. 말이 느리다고 해서 무조건 이야기가 지루하게 느껴지는 것은 아니다. 이야기의 소재가 풍부한 사람과 대화를 하다 보면 아무리 말이 느려도 지루하지 않다.

그러므로 말을 잘하고 싶다면 먼저 사물을 폭넓게 보고 느낄 줄 아는 마음의 그릇을 키워야 한다. 사업 밑천이 두둑해야 안정적으로 사업체를 운영할 수 있는 것처럼 대화에도 밑천이 필요하다.

> 듣기 좋으라고 하는 말일수록 냉정하고 객관적인 판단을 전제로 해야 한다. 구체적인 근거도 없이 치켜세우는 말은 오히려 상대를 언짢게 한다.

사과를 제대로 하려면

- 자신이 잘못했다고 느끼자마자 최대한 빨리 용서를 구하는 것
이 좋다. 사과를 미루면 후회와 감정의 골만 깊어진다.

- 진심으로 사과하라. 사과의 마음은 은연중에 표정이나 말씨,
행동으로 나타난다. 마음에도 없는 어설픈 사과는 안 하느니
만 못하다.

- 다른 속셈을 보이지 마라. 상대가 사과를 받아들이면 그 자리
에서 고맙다는 말로 끝내고 물러나는 것이 좋다. 그 사람과 곧
바로 다른 일을 상의하거나 다른 문제를 해결하려고 하면 상
대는 당신의 진심을 오해하고 불쾌하게 여길 수도 있다.

- 다짐이 따르는 사과를 하라. 사과를 할 때는 미안한 감정을 나
타내는 것에서 그치지 말고 다시는 같은 실수를 되풀이하지
않겠다는 결의를 보여주는 것이 좋다.

5

...

꺼내기 힘든
화제를
회피하지 마라

남에게 미움을 사기보다는 되도록 좋은 인상을 심어주고 싶은 것이 인간의 자연스러운 본능이다. 하지만 이런 심리가 너무 강하게 작용하면 상대를 불편하게 만들 수도 있다. 남에게 잘 보이려고 한 행동이 오히려 눈총을 받는 원인이 되기도 한다.

'이런 말을 하면 나를 싫어하지 않을까?' 하는 심리적 압박감 때문에 평소 자기가 생각한 것, 느낀 점을 솔직히 말하지 못하는 경우가 많다. 특히 직장에서는 윗사람에게 무슨 말을 하기가 조심스럽고 부담스러운 것이 사실이다. 괜히 잘못 말을 꺼냈다가 미운털이 박히느니 납작 엎드려 있는 편이 낫다고 생각하기 때문이다.

사회생활을 하다 보면 자기주장을 펼치며 산다는 것이 얼마나 어려운 일인가를 절감한다. 때로는 옳지 않다는 것을 알면서도 뜻을 꺾어야 할 경우가 있고, 어쩔 수 없이 조직의 생리에 따라야 할 때도 있다.

중요한 것은 어떤 경우에도 중심을 잃지 않는 것이다. 윗사람의 반대로 뜻이 꺾이더라도 자신의 신념을 부정하는 행동을 해서는 안 된다. 이럴 땐 차라리 침묵하는 편이 낫다. 윗사람의 눈 밖에 나지 않으려고 거짓말을 하는 것은 자신의 무능함을 드러내는 동시에 상대를 우롱하는 일이다. 이런 식의 대화는 앞에서는 웃고 뒤에서는 험담하는 사람들이나 하는 짓이다. 타인의 호감을 얻기 위해 본심을 속이면서까지 입에 발린 소리를 하는 사람은 사기꾼뿐이다.

복잡하게 생각할 것 없다. 진실은 언젠가 통하기 마련이다. 당장은 그 사람과의 관계가 불편해지더라도 시간이 지나면 당신이 틀리지 않았다는 것을 알게 될 것이다.

고교동창 모임에 한 친구가 회사 동료를 데리고 나왔다.

"출신 학교는 다르지만 이 친구, 아주 진국이야. 여기 있는 ○○, ○○이와도 안면이 있고 해서 내가 우리 모임의 회원으로 추천할까 하는데, 다들 이의 없지?"

매월 일정 회비를 거둬 집안 경조사가 있을 때 조금이나마 도움이 되도록 해보자는 취지에서 만든 모임이었다. 그런데 느닷없이 불청객을 데리고 나타나서 회원으로 추천까지 하자 동창들은 당황할 수밖에 없었다.

'뭐야? 이런 얘기라면 미리 의논을 했어야지.'

다들 언짢은 기색이 역력했지만 그렇다고 대놓고 반대하기도 쉽지 않았다. 회사 동료를 동창 모임의 회원으로 추천할 정도라면 둘 사이가 각별할 것이었기 때문이다. 그렇다고 해도 모임 취지와는 전혀 관계가 없는 사람을 그런 식으로 불쑥 데려온 것은 다른 친구들의 입장을 전혀 배려하지 않은 행동이었다.

"진작에 이 친구를 너희한테 소개하고 싶었는데, 오늘 마침 시간이 된다고 해서 같이 왔어. 환영의 뜻으로 박수 한 번 칠까?"

이렇게 한술 더 떠서 회사 동료가 이 모임에 들어오는 게 당연하다는 듯 앞서가기까지 한다면 다른 친구들 입장에선 여간 불편한 게 아니다.

'도대체 어쩌겠다는 거야?'

무슨 나쁜 의도가 있어 한 행동이 아니라는 것을 알면서도 기분이 좋을 리 없다. 더욱이 동창 모임에 단지 친구의 친구라는 이유로 자격 없는 사람을 무작정 받아줄 수도 없는 노릇이다. 친목회라는 것은 말 그대로 어느 정도 친밀한 관계가 형성된 다음에야 성립되는 모임 아닌가.

그러니 저마다 하고 싶은 말이 있다.

'이건 어디까지나 동창들끼리 친목을 도모하는 모임인데, 동문도 아닌 제삼자를 회원으로 받아들이는 건 좀 곤란하지 않을까?'

'나도 같은 의견이야. 이 문제는 좀 더 시간을 갖고 생각해봐야 할 것 같다.'

'무슨 말인지는 알겠는데 많이 당황스럽다. 갑자기 외부 사람을 데려와 회원으로 받아들이자는 게 말이 돼?'

그러나 대부분 생각에 그칠 뿐이다. 사실 이런 상황에서 총대를 메는 용기를 내기란 쉽지 않다. 면전에서 친구를 민망하게 만드는 것도 내키지 않거니와 그가 데려온 손님에게도 초면에 예의가 아니라는 생각에 선뜻 나서지 못한다.

꺼내기 어려운 얘기라고 입을 닫고 있으면 한 사람의 일방적 결정이 전체를 피곤하게 만들 수 있다. 이럴 때 서로 기분 상하지 않게 문제를 해결하려면 우회적 표현을 쓰더라도 상황을 정리할 필요가 있다.

"그 얘긴 나중에 따로 하기로 하고, 일단 어려운 걸음 하셨으니 식사나 하시죠!"

또 이런 경우가 있다.

퇴근 후 사무실에서 조용히 처리해야 할 중요한 업무가 있는데 동료들이 옆에서 노닥거리고 있다.

"데이트가 있는데 약속 시간이 한 시간이나 남았어."

"난 집에 가봤자 할 일도 없고……."

당신은 일에 방해가 되는데도 차마 조용히 해달라고 말하지 못한다. 퇴근 시간이 지났으니 동료들이 사무실에 머무를 이유는 없다. 시간이 남아 수다를 떠는 거라면 휴게실을 이용해도 될 일이다.

그런데도 당신이 주저하는 이유는 굳이 남에게 미움받을 짓을 하고 싶지 않기 때문이다. 남은 바빠 죽겠는데 도와주지는 못할망정 옆에서 잡담이나 늘어놓고 있는 동료들이 원망스러우면서도 말이다.

일거리를 싸 들고 밖으로 나갈 수도 없는 상황인데, 동료들의 수다 보따리는 닫힐 기미가 안 보인다. 큰 소리로 웃고 떠들고, 중간중간 말을 시키기도 한다.

'제발 좀 나가서 떠들라고!'

도무지 일이 손에 잡히지 않아 고함이 터져 나오기 직전이다. 상황이 이 정도라면 정중히 양해를 구하고 일에 집중할 수 있는 분위기를 만들어야 한다. 상대의 행동이 못마땅하면서도 겉으로만 너그러운 척하는 것은 서로에게 마이너스가 될 뿐이다.

자신이 무엇을 원하는지, 왜 상대의 행동에 불편을 느끼는지 태도를 명확히 하면 괜한 피해의식을 느끼지 않아도 된다. 속으로는 싫으면서도 차마 그 감정을 표현하지 못해 끙끙거리다 보면 상대에 대한 원망만 더 커진다. 이런 일이 쌓이고 쌓여 결국 인간관계를 피곤하게 만드는 법이다.

정당한 일에서는 수적으로 열세라도 감정 표현에 솔직해질 필요가 있다. 상대 인원이 많다고 해서 내가 피해 볼 이유는 없다.

'나만 참으면 조용해질 일인데…….'

이런 생각으로 억울한 일을 방치하면 결국 계속 참아야 할 일이 생긴다. 입 다물고 손해를 감수한다고 누가 알아주는 것도 아니고, 오히려 그런 약한 마음 때문에 이용당할 수도 있다. '저 사람은 착한 게 아니라 원래 자기주장이라곤 없는 사람'이라거나 '할 말도 제대로 하지 못하는 바보' 취급을 받기 십상이라는 것이다.

남에게 미움을 받지 않으려고 자신을 희생하는 것만큼 무모한 일도 없다. 무조건 양보만이 미덕은 아니다. 생각이나 주장은 말로 표현했을 때 비로소 공감을 얻는다.

"난 이 일을 끝내야 퇴근할 수 있어요. 꼭 사무실에 있어야 하는 게 아니라면 휴게실로 좀 가줄래요?"

이렇게 솔직하게 말하고 협조를 구하는 데 불만을 가질 사람은 없다. 설사 불만이 있다 해도 어쩔 수 없는 일이다. 누가 봐도 이 상황에서는 당신의 요구가 옳기 때문이다.

하기 어려운 말일수록 당당하게 꺼내야 한다. 자신이 원하는 바를 직접적이고 구체적으로 표현하라. 나를 제대로 알리는 것도 매끄러운 인간관계를 유지하는 하나의 비결이다.

❝ 상대의 행동이 못마땅하면서도 겉으로만 너그러운 척하는 것은 서로에게 마이너스가 될 뿐이다. ❞

낯선 사람과 대화하는 요령

- 부끄러움을 극복하라. 상대의 지위나 사회적 명성 때문에 주 눅이 들 필요는 없다. 상대도 당신처럼 장단점이 있는 평범한 인간이라는 사실을 떠올리면 열등감이나 압박감은 사라진다.

- 예, 아니요로 대답할 수 있는 질문은 하지 마라. 대화의 장애 요인이 될 확률이 높고, 대화의 연결을 방해하기도 한다.

- 상대방의 말을 주의 깊게 경청하라. 이야기를 잘 들어주는 것 은 이야기를 잘하는 것만큼 중요하다. 상대가 이야기하는 동 안 "그렇군요", "예", "정말이네요" 등의 말로 맞장구를 쳐준다 면 상대는 더 신나서 이야기에 열중할 것이다.

- 보디랭귀지를 활용하라. 손이나 몸짓, 표정을 적절히 섞어가 며 이야기를 하면 좀 더 효율적으로 자신의 감정이나 내용을 전달할 수 있다.

- 쓰지 말아야 할 말은 피하라. 남의 흄을 보거나 상스러운 말을 섞어 쓰거나 비속어 등을 자주 사용하면 상대에게 불쾌감을 줄 수 있다.

6

...

먼저
인사하기의
즐거움

"안녕하세요?"

때로는 이 한마디가 사람과 사람을 이어주는 끈이 되기도
한다.

이를테면 호젓한 등산길에서 우연히 마주친 상대가 "안녕하
세요? 날씨가 참 좋네요!" 하고 먼저 인사를 청해오면 누구나
마음이 밝아질 것이다. 비록 오가며 한두 번 마주쳤을 뿐이지
만 둘 사이는 벌써 이웃인 셈이다.

직장에서도 마찬가지다. 매일 아침 보는 얼굴이라고 해서 그
냥 지나치기보다는 "일찍 나오셨네요?" 하고 웃는 얼굴로 한마
디 건넬 때 사무실 분위기가 훨씬 따뜻해진다.

"안녕하세요? 패션이 눈에 확 들어오는데, 무슨 좋은 일이라
도 있나 봐요?"

상냥하고 친절한 인사는 주위 사람들까지 미소 짓게 만든다. 상대가 먼저 인사를 해오면 이쪽에서도 웃는 얼굴로 답례하는 게 예의다. 자신보다 지위가 낮다고 해서 무시해버리거나 대충 눈인사 정도로 때우는 것은 상식을 벗어난 행동이다.

"좋은 하루!"

인사는 먼저 본 쪽에서 하는 게 자연스럽다. 출근 시간에 로비에서 우연히 마주친 부하직원에게 자신이 건넨 인사 한마디가 하루 종일 업무 효율을 높여준다는 사실을 아는 상사는 많지 않을 것이다.

인사란 받는 사람이나 하는 사람 모두를 기분 좋게 만드는 일상의 묘약과 같다. 누구든 마음만 먹으면 할 수 있는 인사가 때로는 커뮤니케이션의 계기가 되고, 풍요로운 인간관계를 여는 열쇠가 되기도 한다.

예전에는 기차나 고속버스에서 옆자리에 앉았다가 결혼에까지 성공하는 커플이 간혹 있었다. 차 안에서의 대수롭지 않은 대화가 계기가 돼 결혼까지 하게 되리라고는 누구도 예상치 못했을 것이다. 그러기에 인생은 드라마 같다고 하지 않는가. 인사는 그런 드라마를 만들어내는 감칠맛 나는 소스 같은 것이라고도 할 수 있다.

인사의 또 다른 매력은 그로 인해 다른 이야기를 풀어가기가 쉬워진다는 것이다. 예를 들어 전날 심하게 말다툼을 해서 감정이 뒤틀린 상태라 해도 이튿날 둘 중 누군가가 먼저 인사를 건네면 격한 감정도 웬만큼 수그러든다. 서로의 얼굴을 마주 대하기가 불편한 상태에서 인사는 자연스럽게 갈등을 풀어주는 단초가 되기도 한다.

어쩌면 당신도 비슷한 경험이 있을지 모른다. 전날 안 좋은 일이 있었을 때는 상대를 피하고 싶고 그 사람의 뒷모습만 봐도 고개를 돌리고 싶다. 그런 상대와는 좀처럼 어색함을 풀기 어렵고, 대화를 통한 화해의 기회마저 놓쳐버릴 수 있다.

이런 경우 상대가 다가오면 피하지 말고 그 자리에 서서 자연스럽게 인사를 건네보자.

"어디 다녀오시는 길인가 봐요?"

이 한마디가 놀라울 정도의 힘을 발휘한다. 아마도 당신의 말에 상대는 이렇게 대꾸할 것이다.

"예, 볼일이 좀 있어서……."

이것으로 서로에게 가졌던 안 좋은 감정이 풀리면서 서먹서먹했던 느낌도 어느 정도 해소된다.

"어제는 제가 본의 아니게 언성을 높였습니다."

"아닙니다. 제가 워낙 성격이 급해서……."

서로 얼굴을 마주하며 한두 마디 섞다 보면 자연스럽게 화해 무드가 조성된다. 인사는 이처럼 불편한 심기를 풀어주고 편안한 마음을 갖게 하는 마력이 있다.

불편하고 거슬리는 상대, 가까이하기 힘든 상사라 해도 대범하게 다가서면 뜻밖의 결과를 얻을 수 있다. 그것이 바로 인사의 위력이다.

어느 회사에 성미가 불같기로 유명한 사장이 있었다. 평사원이고 임원이고 다들 사장을 두려워했다.

"잘못 걸리면 무슨 곤욕을 치를지 몰라."

대부분의 직원들이 멀리서 사장이 나타나기만 해도 꽁무니를 뺐다.

이 회사에 신입사원들이 들어왔고, 몇몇은 업무를 익히기도 전에 겁부터 집어먹었다.

"사장님이 그렇게 무섭다며?"

"어떻게 무서운데?"

"몰라. 아주 무섭대."

무섭기로 소문난 사장은 직원들과 자리를 함께하는 일이 거의 없었다. 그러던 어느 날 한 신입사원이 우연히 사장과 같은 엘리베이터를 타게 되었다. 공교롭게도 엘리베이터 안에는 사장과 그 신입 여직원뿐이었다.

"사장님, 안녕하세요?"

사장은 여직원의 해맑은 인사에 묵묵히 고개를 끄덕였다. 사장실은 5층, 여직원이 근무하는 사무실은 3층이었다. 길다면 길고 짧다면 짧은 시간이지만 다른 직원들 같으면 숨쉬기도 힘들었을 것이다.

사장과 단둘이 탄 엘리베이터가 3층에 닿기 전 여직원이 용기 있게 한마디 했다.

"저는 마케팅부의 ○○○라고 합니다. 사장님, 오늘도 좋은 하루 보내세요!"

그냥 내리기 어색해서 마지막으로 건넨 인사에 곧 화답이 왔다.

"마케팅부에서 일한다고?"

"예!"

"음, 씩씩해서 좋군!"

사장은 빙그레 웃으며 가서 일 보라는 뜻으로 고개를 끄덕여 주었다. 새파란 신입사원의 인사가 모두 두려워하는 사장의 입을 열게 한 것이다.

이후로 그 신입사원은 회사생활에 자신감을 얻게 되었다고 한다. 인사 한 번으로 더 이상 사장을 어렵기만 한 존재로 인식하지 않게 되었고, 자신의 존재를 알리는 부수적 효과까지 얻은 셈이다. 이처럼 인사는 직장생활을 활기 있게 만드는 감초 역할을 한다.

인생은 하루하루가 첫날이다. 하루를 시작하는 상쾌한 아침, 당신이 먼저 인사를 건넬 때 모든 인간관계의 문이 열린다. 활기찬 인사는 하는 사람이나 받는 사람 모두에게 신선한 활력소가 된다.

"안녕하세요?"

이 다섯 글자에 담긴 메시지는 이렇다.

"오늘 하루도 새로운 기분으로 잘해봅시다!"

❝ 누구든 마음만 먹으면 할 수 있는 인사가 때로는 커뮤니케이션의 계기가 되고, 풍요로운 인간관계를 여는 열쇠가 되기도 한다. **❞**

세상을 사는 지혜

1. 무엇을 볼 때는 잘못 본 것이 아닌지 생각하라.

2. 무엇을 들을 때는 정확히 알아들어야겠다고 생각하라.

3. 항상 온화한 얼굴을 가져야겠다고 생각하라.

4. 용모는 항상 조심스럽고 품위 있어야겠다고 생각하라.

5. 말은 성의 있게 해야겠다고 생각하라.

6. 일을 실행할 때는 신중해야겠다고 생각하라.

7. 의문이 생길 때는 박식한 사람에게 물어야겠다고 생각하라.

8. 화가 났을 때는 뒷일의 결과를 차분히 생각하라.

9. 이익이 되는 일을 발견했을 때는 그것이 도리에 맞는지 생각
   하라.

제 5 장

자신의 가치를 높이는
대화법

유쾌한 설득의 기본 매뉴얼

1. 가장 훌륭한 논쟁은 논쟁 자체를 피하는 것이다.

2. 상대방의 의견을 최대한 존중하라.

3. 당신이 옳지 않을 때는 빠르고 확실하게 그것을 인정하라.

4. 순리적으로 차근차근 이야기하라.

5. 상대방이 '예'라고 대답할 수 있는 문제를 화제로 삼아라.

6. 상대방이 마음껏 이야기하게 하라.

7. 그 의견이 자신에게서 나온 것처럼 느끼게 하라.

8. 진심으로 상대방의 입장에 서서 관찰하도록 노력하라.

9. 상대방의 생각과 소망을 이해하라.

10. 숭고한 동기에 호소하라.

1

...

내 말을
듣고
있기는 한가?

   사랑에 빠진 연인들은 흔히 '첫눈에 반했다'고 하지만, 엄밀하게 말해 '첫 만남에 반했다'고 하는 게 정확한 표현일 것이다. 만남은 대화를 전제로 한다. 단순히 얼굴만 마주친 것을 진정한 만남이라고 할 수는 없다. 말 그대로 첫눈에 반했다는 것은 일단 상대방의 외모가 눈에 들어왔다는 것과 크게 다르지 않다.

   첫눈에 반해 연인으로 발전하려면 우선 그 마음을 표현해 상대의 반응을 이끌어내기 위한 프러포즈, 대화가 필요하다. 첫인상이 아무리 좋아도 대화에서 부정적인 느낌을 받는다면 연인관계가 성립되기는 어렵다.

   프러포즈는 말하는 사람이나 상대방 모두에게 고도의 집중력을 필요로 한다. 말하는 사람은 최대한 자신의 감정을 선명하게 전달하려 애쓰고, 듣는 사람은 그 말에 담긴 진의를 파악하기 위해 촉각을 곤두세우기 마련이다. 눈에만 콩깍지가 씌는 게 아니고 귀에도 콩깍지가 덮일 만큼 달콤한 속삭임이 통해야만 사랑의 마법이 이루어지는 것이다.

일상적인 대화에서도 이렇게 고도의 집중력을 발휘한다면 소통 불가능한 일이란 생길 수 없다. 열심히 말하는 상대의 이야기를 열심히 듣는 것이 프러포즈의 본질이다.

"나는 당신을 사랑합니다."

남자가 진지하게 고백하는데 뜬금없이 "어라? 내 휴대폰이 어디 갔지?" 하고 주위를 두리번거리는 여자가 있다면 그녀는 귀가 어둡거나 남자한테 전혀 관심이 없어 못 들은 척하는 것이다. 이 경우 남자가 그녀를 정말 놓치고 싶지 않다면 프러포즈가 받아들여질 때까지 열 번이고 백 번이고 다가가야 할 것이다.

일반적인 인간관계에서는 이런 수고를 감수하면서까지 교류를 이어갈 사람이 없다. 동문서답은 웃자고 할 때나 통용되는 대화 방식이다. 자신의 이야기를 귀담아들어 주는 사람에게 호감을 느끼는 것은 누구에게나 공통되는 심리이기 때문이다.

남의 말은 대충 흘려듣고 자기 말만 늘어놓는 사람은 어디서든 환영받지 못한다. 이야기를 제대로 들어주기만 해도 대화의 80%는 성공한 것이라 할 수 있다.

'이 사람이 내 말을 듣고 있기는 한가?'

대화 도중 이런 생각이 들면 말하는 사람의 입장에선 무시당하는 기분이 들 수밖에 없다. 아무리 사소한 이야기라도 경청하는 습관을 들여야 사회생활을 무리 없이 할 수 있다.

자기 말에 귀 기울여주는 상대를 만나면 신명이 나서 더 열심히 이야기하게 된다. 그러다 보면 듣는 사람의 입장에서는 뜻밖의 정보나 소득을 얻게 될 수도 있다. 또한, 업무 외적인 이야기라도 잘 듣다 보면 상대에게 좋은 인상을 남기고, 그로 인해 뭔가 도움을 주고 싶다는 생각을 하게 만들 수도 있다.

이야기를 잘 들어준다는 것은 듣는 시늉만 하는 게 아니라 뜻을 잘 파악해서 대꾸를 잘해주는 것이다. 그리고 이야기 도중 잘 이해가 안 되는 대목이 있으면 이렇게 물어본다.

"잠깐만요. 말을 끊어서 죄송하지만, 이 부분은 좀 자세히 알고 싶은데요."

이것이 제대로 경청하는 사람의 태도다. 질문을 한다는 것은 그만큼 상대의 이야기에 몰입하고 있다는 증거이므로 거리끼거나 망설일 필요가 없다. 단, 질문을 하려면 제대로 해야 한다. 상대가 열심히 설명하고 있는데 말귀를 알아듣지 못해 자꾸 엇나가는 질문을 한다는 것은 제대로 듣지 않고 있다는 뜻이기 때문이다.

강의나 프레젠테이션의 경우는 물론 일상 회화에서도 리액

션이 중요하다. 이야기하는 사람이 아무리 재미있게 말해도 듣는 사람의 반응이 소극적이라면 대화는 곧 끊기고 만다. 상대가 말하려는 핵심을 정확히 짚어내고 적절한 반응을 보일 때 대화의 묘미가 살아난다.

잘 듣고 있다는 표현은 굳이 말로 하지 않아도 괜찮다. 상대의 입장이나 기분을 충분히 이해한다는 태도를 보여주기만 하면 된다. 고개를 끄덕이거나 박수를 치거나 메모를 하는 태도 등은 훌륭한 경청자로서의 면모를 보여준다.

강사가 일방적으로 떠들기만 해서는 양방향 커뮤니케이션이 불가능하다. 적극적으로 커뮤니케이션에 참가하려면 조용히 앉아만 있어서는 안 된다. 맞장구도 치고, 재미있으면 맘껏 웃고, 필요하면 메모도 하는 등 열심히 경청하는 모습을 보여주어야 한다. 그것만으로도 강연에 탄력이 붙어 아까운 시간 낭비를 줄일 수가 있다.

> **잘 듣고 있다는 표현은 굳이 말로 하지 않아도 괜찮다. 상대의 입장이나 기분을 충분히 이해한다는 태도를 보여주기만 하면 된다.**

듣는 일의 중요성

- 자신의 성장에 도움이 된다.
- 납득시키는 포인트를 발견할 수 있다.
- 남의 호감을 살 수 있다.
- 상대방의 마음을 알 수 있다.
- 대응이 가능해진다.

바이어를 접대할 때 이것만은 꼭!

1. 고향이나 출신학교 등 상대방과 관계된 기본 사항을 미리 체크한다.
2. 상대방의 취미나 관심 분야를 파악한다.
3. 조심스럽게 다뤄야 할 화제가 있는지 미리 알아둔다.
4. 상대방에게 무작정 술을 권하며 결정을 다그치지 않는다.
5. 상대방보다 먼저 취하거나 흐트러진 모습을 절대 보이지 않는다.

상사의 유도심문에 담긴 의미

1. 당신의 업무 능력이나 성격에 불만이 있는 경우
2. 분발을 재촉하는 경우
3. 부서 이동이 있을 경우

2

...

대화의
맥을
짚어라

어느 회사 홍보팀 직원이 새로운 상품의 홍보전략에 대한 기획안을 제출했다. 서류를 받아 든 상사의 표정이 심각하게 굳었다.

"이번 일은 좀 더 신중하게 결정해야 할 것 같군."

"왜요?"

부하직원의 질문에 상사가 어이없다는 듯 되물었다.

"자넨 요즘 뉴스도 안 보나?"

"예?"

"요즘같이 경기가 안 좋을 때 이렇게 큰돈을 들여서 광고를 할 필요가 있겠냐 이 말이야!"

"아무래도 위험 부담이 있긴 합니다. 그래서 여러 가지 방안을 모색해볼 계획이며……."

뒤늦게 상사의 의중을 알아챈 부하직원이 그 점을 자신도 감안했다고 변명했지만, 이미 대화의 첫 단추는 잘못 끼운 뒤였다.

부하직원은 상사가 처음 말문을 열었을 때 무턱대고 "왜요?"라고 되묻지 말았어야 한다. 아무리 짧은 순간이라도 상사가 무슨 의도로 그런 말을 하는지 제대로 파악하고 대꾸했다면 뉴스도 안 보는 사람 취급을 당하진 않았을 것이다.

사회생활을 하면서 누군가의 호감을 얻으려면 듣는 귀가 밝아야 한다. 올바른 경청자의 역할은 상대의 이야기를 놓치지 않고 듣는 데서 출발한다. 그래야 이야기의 전체 맥락을 파악하고 핵심을 꿰뚫어볼 수 있다. 대충 듣는 시늉만 하며 딴생각을 하다 보면 엉뚱한 질문을 해대기 십상이다. 이런 일이 몇 차례 반복되면 상대의 이야기에 집중하지 않는다는 사실이 확연히 드러나고 만다.

말하는 사람의 기분을 읽는 것도 제대로 듣는 일에 속한다. 사람들은 컨디션이 안 좋을수록 남의 말에 민감하게 반응한다.

"당신 오늘 나랑 얘기 좀 해요."

퇴근해서 돌아온 남편의 팔을 잡아끌며 아내가 말했다. 시댁에 경제적으로 어려운 일이 생겨 의논을 해야 하는데, 남편은 일주일 내내 얼굴 보기도 힘들었다.

"피곤한데 나중에 하지."

전날도 결산 때문에 새벽까지 야근을 했던 남편의 얼굴에 짜증이 묻어났다. 그런 남편의 태도에 아내는 당연히 화를 냈다.

"어젯밤에 회사에서 일한 거 맞아요?"

"쓸데없는 소리 말고 밥이나 줘."

"난 일주일 내내 당신과 얘기해야 할 걸 쌓아두고 있었는데, 모처럼 일찍 들어와서 한다는 소리가 고작 그거예요?"

"나 지금 피곤하다고 했잖아!"

남편의 말투는 점점 험악해졌고 아내의 심사도 그만큼 뒤틀렸다.

"당신 나한테 뭐 죄지은 거 있어? 할 말 있다는데 왜 자꾸 피곤하다면서 피해? 회사 일은 당신 혼자만 하는 거야? 그리고 상황이 불리하면 꼭 그렇게 말끝을 흐리는 이유가 뭐야?"

"이 여자가 정말 못하는 소리가 없네! 불리하긴 뭐가 불리해? 하루 종일 집에서 남편 바가지 긁을 궁리나 하고 있는 거야?"

부부싸움은 항상 이런 식으로 시작된다.

이럴 땐 소크라테스의 조언을 새겨볼 필요가 있다.

"사람의 귀가 두 개, 혀가 한 개인 것은 남의 말을 좀 더 잘 듣고 필요 이상의 말을 하지 말라는 뜻이다."

진정한 대화가 이루어지려면 상대의 입장을 먼저 생각하는 자세가 필요하다. 대화는 상대적인 것이다. 듣는 사람이 아무리 열심히 경청해도 말하는 사람이 하지 않은 부분까지 짚어낼 수는 없다.

남편이 해외출장을 떠나기 전날 출근하며 아내에게 말했다.

"내일 출국이니까 여권 잘 챙겨놔."

"걱정하지 말고 다녀와요."

아내는 출장 가방을 준비하고 늘 있던 자리에서 여권을 찾아 거실 탁자에 올려놓았다.

"여권은 잘 챙겨놨지?"

"여기 있잖아요."

"그럼 됐어. 피곤해서 얼른 쉬어야겠어."

퇴근한 남편은 거실 탁자에 있던 여권을 아내가 건네자 펼쳐보지도 않고 잠자리에 들었다.

그런데 다음 날 아침 공항으로 떠났던 남편이 전화를 걸어 고래고래 소리를 질렀다.

"이게 뭐야!"

"왜 그래요?"

"이게 아니잖아!"

"아니긴 뭐가……."

"여권이 다르잖아!"

화가 머리끝까지 나서 질러대는 남편의 고함이 귀청을 때렸다.

"여권이 다르다니, 그게 무슨……."

"여권 바꾼 거 몰랐어?"

"아니, 그걸 언제 바꿨어요?"

남편과 아내 모두에게 청천벽력이 따로 없었다. 쓰지도 못하는 예전 여권을 챙겨 가지고 나갔던 것이다.

"이게 대체 무슨 일이래."

아내는 부랴부랴 새 여권을 찾아들고 공항으로 달려갔다.

"대체 내 말을 어떻게 들은 거야? 여권 잘 챙기라고 몇 번이나 말했잖아! 제발 정신 좀 똑바로 차리고 살아!"

남편은 화난 얼굴로 새 여권을 낚아채듯 받아 들고는 출국장 안으로 쌩하니 사라졌다.

생각해보면 이 상황에서 화를 내야 할 사람은 여권이 바뀌었다는 사실조차 몰랐던 부인이다. 제대로 말하지 않고 제대로 듣기를 기대하는 건 나무도 심지 않고 여름에 시원한 그늘을 기다리는 것이나 마찬가지다.

아무리 성격이 급한 사람이라도 전달하고자 하는 대화의 맥을 짚어주는 노력만 한다면 중대한 실수를 방지할 수 있다.

❝ 사람의 귀가 두 개, 혀가 한 개인 것은 남의 말을 좀 더 잘 듣고 필요 이상의 말을 하지 말라는 뜻이다. ❞

부하직원의 마음을 빼앗는 한마디

- 역시 자네군. 완벽해! 더 이상 할 말이 없어.

- 자네는 어딜 가도 눈에 띄는 존재야.

- 자네라면 할 수 있어.

- 자네가 없으면 내가 곤란해.

- 자네가 한 일인데 어련하겠어?

- 이 결과는 자네가 열심히 한 덕분이야.

- 좋은 점을 지적했어. 나도 거기까진 생각지 못했는데.

- 아쉽게도 자네는 자네의 실력을 몰라.

- 자네가 할 수 없는 게 아니야. 다만 하지 않을 뿐이지.

- 자네가 있으면 마음이 놓여.

- 자네에게 맡기겠네.

3

...

소통에
탄력을 주는
맞장구

남의 이야기를 들어주는 데도 요령이 필요하다. 자신의 기분
을 표정으로 드러내며 진지하게 귀를 기울이고 있다는 인상을
주면 상대는 '저 사람만은 내 말을 이해할 수 있겠지' 하고 믿
기 때문에 무엇이든 거리낌 없이 털어놓고 싶어 한다.

대부분의 사람들이 자신이 말할 때는 손짓, 발짓까지 동원해
열심히 설명하다가도 상대의 이야기 차례가 오면 표정이 딱딱
하게 굳는다. 어떤 사람은 누가 아무리 재미있는 이야기를 해
도 소리 내서 웃어주는 법이 없다. 미소를 짓기는커녕 표정 하
나 바뀌지 않는다. 한마디로 소통 불가형이다.

그런 태도는 인간관계를 망치는 결정적 요인이다. 혼자만 떠
드는 것만큼이나 이기적인 태도가 남이 이야기할 때 딴전 부리
는 것이다. 듣는 사람이 반응이 없으면 말하는 사람도 흥이 깨

지기 마련이다.

"차라리 이야기를 꺼내지 말 걸 그랬어."

"누군 시간이 남아서 이러고 있는 줄 아나?"

이로써 커뮤니케이션은 의미를 상실하고 둘 사이에 장벽이 가로놓이게 된다. 무덤덤한 표정으로 멀뚱멀뚱 허공만 바라보는 상대와는 무슨 이야기를 하든 아무 의미가 없다. 그런 사람과는 한자리에 있는 것 자체만으로도 충분히 고역이다.

대화의 묘미는 맞장구에 있다. 소통이 이루어지고 있다는 확실한 반응이 바로 맞장구다. 적당한 동작을 섞어가며 맞장구를 쳐주는 상대가 있으면 무슨 이야기를 해도 분위기가 살아난다.

맞장구를 친다는 것이 상대의 이야기에 무조건 수긍만 하라는 뜻은 아니다. 맞장구에도 변화가 필요하다. 계속해서 "맞아요!"만 되풀이하면 오히려 말하는 쪽이 머쓱해진다.

단조로운 맞장구는 커뮤니케이션의 불협화음을 예고하는 옐로카드와도 같다. 내용에 따라 "그래서?", "왜?", "그리고?" 등의 질문을 요령껏 섞어가며 맞장구를 치는 것이 대화를 윤택하게 하는 비결이다.

술 마시고 늦게 귀가한 남편이 아내의 눈치를 보며 늘 하는 말이 있다.

"일 때문에 술자리가 너무 길어졌어. 아, 정말 피곤해 죽겠다."

매번 듣는 말이긴 하지만, 이럴 때 아내가 부드럽게 한마디

해주는 게 센스 있는 맞장구다.

"힘들었죠? 내일은 일찍 들어와 쉬어요."

이런 식으로 대응하면 아무리 술을 좋아하는 남편이라도 다음 날에는 술 약속을 잡지 말아야겠다고 생각할 것이다.

직장에서도 마찬가지다. 사소한 배려가 담긴 맞장구는 일하는 분위기를 훨씬 부드럽게 만들어준다.

어느 건강보조식품회사 영업사원이 거래처를 한 바퀴 돌고 사무실로 돌아왔다.

"오늘은 정말 힘든 하루였어."

자리에 앉으며 혼잣말을 했는데, 마침 사무실에 있던 상사가 삐딱한 반응을 보였다.

"젊은 사람이 뭐가 힘들어? 한창 일할 나이에."

그러고는 자신의 젊은 시절 활약상을 지루하게 늘어놓는다. 이것은 의욕이 넘치다 못해 도가 지나친 상사가 부하직원을 대하는 태도 가운데 대표적인 유형이다.

'아, 또 지겨운 잔소리가 시작되는군.'

정말 힘들게 하루 업무를 마치고 사무실로 돌아와 간신히 한숨 돌리던 영업사원은 상사의 설교에 짜증이 나서 미칠 지경이다. 그에게 본사 사무실이란 지친 몸을 이끌고 돌아오면 언제나 따뜻이 감싸주는 가정 같은 곳이기도 하다. 그런데 따뜻이 다독거려주기는커녕 "젊은 사람이 뭐가 그리 힘드냐?"고 맥 빠지는 소리나 해대니 기분이 상할 수밖에 없다.

영업사원들은 거래처를 돌아다니다 보면 별의별 일을 겪기 마련이다. 특히 요즘처럼 경기가 안 좋을 때는 대금 재촉하랴, 매출실적 올리랴, 정신적·육체적 스트레스가 이만저만이 아니다. 한솥밥 먹는 동료들만이라도 그런 고충을 알아주고 격려해주기를 바라는 것이 샐러리맨의 마음이다.

이럴 때는 핀잔이나 장황한 설교 대신 등이라도 슬쩍 두드려주면서 위로의 말을 건네는 것이 상사의 역할이다.

"수고했네. 차가 많이 막히지?"

"예, 오늘은 유난히 교통사정이 좋지 않더군요."

"이거 무슨 대책을 세우든지 해야지 매일 이래서야 어디 일할 맛 나겠나?"

"아닙니다. 그 정도로 힘들진 않습니다. 너무 걱정하지 마십시오."

이렇게 상사의 맞장구가 처음부터 긍정적이었다면 부하직원의 푸념 또한 새로운 각오로 바뀌었을 것이다.

어떤 조직이든 잘나가는 조직은 윗물도 맑고 아랫물도 맑게 흐르는 법이다. 말 그대로 손발이 착착 맞는 조직이다. 상대의 입장을 배려하고 마음을 써주는 맞장구는 잘나가는 조직의 비결이기도 하다. 맞장구는 '당신 참 잘했어!' 하고 인정하는 소리, 마음의 박수다. 이런 맞장구는 자연히 업무능력을 배가시킨다.

특히 상사는 아랫사람의 기를 살려주는 맞장구의 명수가 돼야 한다.

"자네라면 꼭 해낼 줄 알았어!"

힘들게 거래를 성사시키고 온 부하직원에게 이 정도의 맞장구는 마땅히 베풀어야 할 말의 포상이다. 또한, 이런 맞장구는 상사로서 지녀야 할 당연한 미덕이기도 하다.

> **맞장구에도 변화가 필요하다. 계속해서 "맞아요!"만 되풀이하면 오히려 말하는 쪽이 머쓱해진다.**

맞장구

• 최고의 맞장구

아, 어떻게 그런 생각을 할 수 있죠?

정말 그렇겠네요!

그래서 어떻게 됐어요?

아주 재미있네요!

맞아요!

• 최악의 맞장구

쓸데없는 소리 좀 하지 마!

그만해!

시끄러워!

입 닥쳐!

4

...

적극적으로
반응하라

전화통화는 상대의 얼굴이 보이지 않는 상황에서 이루어지기 때문에 자칫 잘못하면 오해의 소지가 다분하다. 그러므로 한마디 말이라도 신중히 하고 항상 긴장을 늦추지 말아야 한다. 무엇보다 통화 상대와 마주 앉아 이야기하고 있다는 마음가짐이 필요하다. 상대가 보이지 않는다고 자세를 흐트러뜨린 채 통화를 하거나 전화기를 붙잡고 딴짓을 하다가는 실수하기 십상이다.

"뭐 이런 사람이 다 있어!"

통화가 끝났다고 생각해 무심결에 내뱉은 말이 상대방의 귀에 고스란히 들어가기도 한다. 이것은 직장에서 의외로 많이 일어나는 사고 가운데 하나다. 업무상 대형사고를 막으려면 통화가 끝난 직후 상대방에 대한 이야기는 입에 올리지 않는 게 좋다. 아울러 용건을 꼼꼼히 체크하고 메모하는 것은 필수다.

얼굴을 맞대고 하는 대화에서도 세심한 주의가 필요하다. 특히 명령이나 지시 등의 전달사항이 있을 경우에는 반드시 내용을 확인해야 한다. 지시사항이 여러 가지일 때는 어느 하나를 놓칠 수도 있으므로 단순히 "예, 알겠습니다" 하는 대답만으로는 부족하다.

또한, 이야기하는 사람의 입장에서는 자신이 한 말을 상대가 제대로 이해했는지 내심 불안할 수도 있다. 그러므로 지시를 받는 사람은 혼자 알아듣는 데서 끝내지 말고 적극적인 자세로 이런 염려를 해소시켜주어야 한다.

"다시 말해서 신상품의 출고 자체에는 반대하지 않지만 시기가 문제라는 말씀이시군요."

애매하거나 다소 이해가 부족한 사항에 대해서는 이처럼 확인 과정을 거쳐 문제점을 명확히 파악하는 것이 중요하다.

"그렇지. 그러니까 출고 시기를 좀 더 연구해보자고."

이것이 상사나 부하직원 모두 만족할 수 있는 커뮤니케이션이다.

상사는 부하직원의 질문에 대해 이런 식으로 설명을 덧붙일 수 있다.

"원칙적으로는 대찬성일세. 다만 일정이 촉박해 수급에 차질이 생길 수도 있으니 그에 대한 대비책을 마련하자는 거지."

"예정대로 출고하려면 몇 가지 검토가 필요하다는 말씀이시군요. 시장조사도 구체적으로 해야 하고요."

"그렇게 하면 금상첨화겠지."

정확한 설명과 성실한 답변은 상사와 부하직원의 관계를 한 단계 끌어올려 주고, 이를 통해 서로에 대한 신뢰도 깊어진다.

나 아닌 다른 사람이 무엇을 말하려 하는지, 그 진의를 읽어 내는 것은 쉬운 일이 아니다. "열 길 물속은 알아도 한 길 사람의 속은 모른다"는 속담도 있지 않은가.

상대의 의중을 정확히 파악하려면 먼저 잘 들어야 한다. 상대가 구사하는 언어를 단서로 해서 그 말의 이면에 담긴 여러 가지 사정, 상대의 심리까지 헤아리는 노력을 기울여야 한다.

'저 사람은 지금 무슨 말을 하고 싶은 걸까? 왜 이런 말을 내게 하는 걸까?'

대화 도중 스스로 이런 질문을 던지면서 깊이 생각하는 습관을 들이면 상대의 의도를 정확히 파악하는 데 도움이 된다.

만일 당신이 여행사를 자회사로 둔 회사의 직원인데 거래처 사장에게서 청탁 전화가 왔다고 가정해보자.

"내일 오전 중에 출발하는 비행기 표 두 장만 구해줄 수 있겠나?"

명절 연휴가 시작되는 시점이라 티켓은 이미 매진된 상태다. 아무리 여행사가 자회사라고 해도 무리한 요구임에 틀림없다.

"아무래도 그건 좀 곤란할 것 같은데요. 하필 명절 연휴라……."

괜히 지키지도 못할 약속을 했다가 나중에 실없는 사람 소릴 듣느니 차라리 솔직히 말하는 게 낫겠다 싶어 조심스럽게 말을 꺼냈다.

"자네 실력이 겨우 그 정도밖에 안 되나? 무슨 일이 있으면 언제든 연락하라더니 다 헛소리였군!"

거래처 사장은 냉랭한 목소리로 전화를 끊어버렸다. 사실 웬만하면 들어주고 싶지만, 당신도 어쩔 수 없는 상황이었을 것이다. 그런데 상대가 언짢아하며 전화를 끊은 것은 단지 티켓을 구하지 못했기 때문만은 아니다. 이 대목에서 가장 효과적인 맞장구는 '들어주는 시늉이라도 하는 것'이다.

"지금 상황이 솔직히 어렵긴 한데 최선을 다해 몇 군데 알아보겠습니다. 한 시간 정도만 시간을 주십시오. 혹시 부탁을 들어드리지 못하더라도 너무 서운해하지는 마시고요."

그러고 나서 여기저기 알아본 결과 도저히 불가능하다면 상황을 솔직히 설명하면 된다. 아마도 상대는 당신의 성의만이라도 고맙게 받을 것이다.

남의 말을 어디까지 들어주느냐에 따라 인간관계의 명암이 바뀌곤 한다. 이것은 비즈니스뿐만이 아니라 관계를 맺고 살아가는 모든 인간사에 두루 적용되는 법칙이기도 하다.

이야기를 들을 때 대부분의 사람들은 상대의 눈을 본다. 그런데 시작부터 끝까지 눈만 쳐다보고 있다면 오히려 말하는 쪽에서 불편을 느낄 수도 있다. 커뮤니케이션은 눈싸움이 아니다. 중요한 대목에서만 시선을 한 번씩 마주치면 된다.

경우에 따라서는 이야기를 하며 들어야 할 때도 있다. 이럴 때는 눈으로 상대의 반응을 확인하며 이야기를 진행하는 것이 좋다.

커뮤니케이션을 하려면 상대의 반응을 관찰하는 일도 중요하다. 대화 도중 상대가 눈치를 보며 머뭇거릴 때는 "뭔가 할 말이 따로 있는 것 같은데요" 하고 적극적으로 입을 열게 하는 것도 효과적 방법이다.

간혹 상대가 진심을 말하지 않고 뭔가 숨기려 할 때가 있다. 그럴 때는 약간 대화를 앞질러 가며 상대의 의중을 떠보는 것도 좋다.

대화의 물꼬를 트기 위한 방법으로는 대략 두 가지가 있다.

"제가 혹시 도울 일이 있습니까?"

"혹시 지금 말하기가 불편하십니까?"

다만 이 기술을 섣불리 시도하다가 낭패를 당할 수도 있다. 조심스럽게 한두 마디 건네보고 상대가 말문을 열지 않으면 시간이 좀 더 필요하다는 뜻으로 해석하라.

> **❝** 이야기를 들을 때 대부분의 사람들은 상대의 눈을 본다. 그런데 시작부터 끝까지 눈만 쳐다보고 있다면 오히려 말하는 쪽에서 불편을 느낄 수도 있다. **❞**

부하직원에게 절대 해서는 안 될 말

- 자넨 회사 왜 다니나?

- 이럴 줄 알았어. 시킨 내가 잘못이지.

- 자네가 사장이야, 뭐야?

- 제발 생각 좀 해보고 일하란 말이야.

- 못하겠으면 그냥 집에 가 있어.

- 내가 자네 나이 땐······.

5

. . .

맞장구는
한 박자
쉬어가며

매사에 지나친 것은 모자람만 못하다. 남의 이야기를 잘 들어주는 것이 중요하다고 해서 지나치게 듣는 데만 열중하면 오히려 냉정한 판단을 내리기가 어렵다. 한 가지 일에 너무 집착하면 주변 상황에 소홀해지기 쉽다. 대화를 나눌 때는 대화에 집중하면서 상대의 반응에도 마음을 열어놓아야 한다.

상대가 곤란한 이야기를 꺼내려고 할 때는 자연스럽게 귀를 기울이되 너무 심각하게 받아들이는 것처럼 보이지 않게 신경써야 한다. 이럴 땐 이야기하는 사람으로부터 조금 떨어진 위치에서 경청하는 것이 효과적이다. 또 실내를 천천히 왔다 갔다 하면서 듣는다거나 적당히 떨어져 앉는 것도 한 방법이다.

아울러 심리적인 거리를 유지하는 것도 중요하다. 객관적 입장을 유지하면서 이야기의 진전을 지켜보는 것이다. 이 경우

"그래서?", "왜?" 등의 적극적인 질문은 되도록 자제하고 조용히 듣는 것이 좋다.

이야기를 하는 사람은 어떤 의도를 가지고 듣는 사람과의 커뮤니케이션을 시도한다. 특정한 목적을 위해 상대를 설득하려 할 때도 있다. 이럴 때일수록 적극적으로 이야기에 개입하지 않는 게 좋다. 그리고 마음속으로는 현재 누구와 대화를 하고 있는지가 아니라 무슨 이야기를 하고 있는지를 체크하는 것이다. 때때로 침묵은 말하는 사람의 의도를 파악하는 데 도움이 된다.

어떤 사람은 "하나를 들으면 열을 안다"는 식으로 이야기를 듣고 반응하는 속도가 매우 빠르다. 누가 무슨 말을 하면 즉각 문제를 분석하고 충고까지 덧붙이며 척척 답을 내놓는다. 주변에서는 이런 사람을 머리 회전이 빠르다고 치켜세우지만, 이는 잘못된 판단이다. 머리 회전이 빠른 것과 이해가 빠른 것은 어디까지나 차이가 있다.

실수를 많이 하는 것은 대개 이런 사람들이다. 말귀를 빨리 알아듣는다고 우쭐대는 사람일수록 상대의 이야기를 다 들어 보지도 않고 지레짐작하는 경향이 있기 때문이다.

"이번 판촉물 제작 말인데……."

기획사에 근무하는 김 대리는 제품 판촉물 제작에 대한 새로운 아이디어를 동료들과 의논하고 싶어 말을 꺼냈다. 그런데 본론을 꺼내기도 전에 누군가 말을 가로채고 나선다.

"왜? 자네 혼자 버거워서 그래?"

"그게 아니라……."

"알았어, 알았어. 이달 안에는 곤란하다 이거지? 지금 그게 문제가 아니야."

이야기를 끝까지 들어보지도 않고 제멋대로 상황을 정리하려는 습성을 가진 사람 중에는 평소 머리 회전이 빠르다는 평을 듣는 경우도 있다. 문제는 조급한 성격 탓에 덤벙대기 일쑤라는 것. 이런 성격일수록 이야기를 들을 때 한 박자 쉬어가는 것이 좋다.

이야기를 빨리 알아듣고 대꾸를 빨리하는 것이 무조건 좋은 것만은 아니다. 남의 말을 너무 앞서나가면 이야기의 핵심을 놓치기 쉽다. 실제로 '하나를 들으면 열을 안다'고 자신 있게 말할 수 있는 사람은 거의 없다. 공연히 자기 기분에 들떠 주제 넘게 앞질러가는 경우가 적지 않다. 자신이 그런 사람이라 생각한다면 지금부터라도 자신이 말하려 하는 시간의 절반을 상대의 이야기를 듣는 데 할애하라.

물론 적당한 재치와 유머 감각, 상황에 따른 잔머리는 임기응변의 무기가 될 수 있다. 즉석에서 상대의 말을 받아칠 수 있는 요령이 생기면 이야기에 탄력이 붙어 대화를 재미있게 이끌 수도 있다.

센스 있는 맞장구란 상대의 이야기에 약간의 재치를 더해

되돌려주는 기술을 말한다. 무턱대고 앞질러서 상대의 말문을 닫아버리는 것은 좋은 태도가 아니다. 상대가 하는 이야기를 끝까지 들어보고 입을 열어야 제대로 된 맞장구가 나오는 법이다.

> **상대가 곤란한 이야기를 꺼내려고 할 때는 자연스럽게 귀를 기울이되 너무 심각하게 받아들이는 것처럼 보이지 않게 신경 써야 한다.**

TIP

설득의 심리학

- 논쟁에서 최선의 결과를 얻어내는 유일한 방법은 감정적 대응을 피하는 것이다.

- 다른 사람의 의견을 존중하라. "당신이 틀렸다"는 말은 절대 하지 마라.

- 자기 생각이 틀렸다면 바로 인정하라.

- 우호적인 방법으로 시작하라.

- 상대방이 즉시 "예, 그래요" 하고 말하게 하라.

- 다른 사람이 이야기를 많이 하게 하라.

- 다른 사람이 그 생각을 자기 것이라고 느끼게 하라.

- 다른 사람의 입장에서 사물을 보려고 노력하라.

- 좀 더 고상한 동기로 호소하라.

- 당신의 생각을 극적으로 표현하라.

- 모험을 즐겨라.

6

...

성의껏
집중하라

"의논하고 싶은 일이 있는데 오늘 저녁 시간 괜찮아?"

"응, 괜찮아. 근데 무슨 얘기야?"

"지금은 곤란하고⋯⋯."

조만간 직장생활을 정리하고 독립할 계획인 한 부장은 친한 동료에게 조언을 얻기 위해 상담을 청했다. 오래전부터 준비해온 일이라 나름대로 성공을 자신하면서도 믿을 만한 사람의 조언을 들어보고 싶었던 것이다.

그날 저녁, 두 사람은 함께 식사를 했다.

"내가 전부터 구상하고 있는 사업이 있는데 말이지."

한 부장이 진지하게 말문을 열었다.

"사업 시작하려고? 거참, 지금 때가 어느 땐데 사업이야? 다들 먹고살기 어렵다고 아우성치는 판에. 이럴 땐 그저 월급 받아먹으면서 바짝 엎드려 지내는 게 상책이라고."

막상 의논 상대가 돼주겠다고 나온 동료는 무슨 사업인지 들어보기도 전에 코웃음까지 치며 반대하고 나섰다.

"내 나름대로 생각이 있어서 그래. 들어봐, 이건 확실한 사업이야."

"물론 자네야 그렇게 생각하겠지. 누군 뭐 확실한 게 없어서 사업을 못 하는 줄 아나? 일이란 게 다 내 맘대로 안 되니까 문제지."

"그래도 일단 얘기 좀 들어봐. 자네도 듣고 나면 생각이 달라질지 모르니까."

"알았어. 일단 들어보자고. 뭔데?"

초반부터 삐걱거리던 두 사람의 대화는 그럭저럭 본론으로 들어갔다.

"내가 무슨 사업을 할 거냐면 말이야……."

한 부장은 자신이 사업을 구상하게 된 이유와 전망 등에 대해 진지하게 설명했다.

"어때, 이만하면 사업성은 충분하지 않아?"

"응? 방금 뭐라고 그랬지? 미안, 내가 잠깐 생각할 게 있어서 말이야."

"지금 누구 놀리는 거야?"

순간 한 부장의 안색이 굳어졌다. 상대는 입만 열고 귀는 닫아둔 채 이야기를 듣고 있었던 것이다.

남의 이야기를 들으며 다른 생각을 한다는 것은 대화를 포기한 것이나 같다. 그럴 때는 차라리 대화를 나중으로 미루거나 처음부터 이야기를 들을 상황이 아니라고 분명히 밝힌 뒤 양해를 구하는 것이 서로를 위해 현명한 태도다.

누구에게나 자신만의 세계가 있다. 사람은 모든 것을 자신의 틀에 맞춰 생각하려 하고, 자신의 뜻과 맞지 않는 이야기는 들으려고도 하지 않는다. 생각을 바꾸기가 싫기 때문이다.

무조건 남의 말을 배척하는 사람은 남을 배려할 줄 모르는 사람이다. 그래서 이기적이라는 말을 듣는다. 마음의 문을 닫고 있으면 상대가 아무리 좋은 이야기를 해도 귀에 들어오지 않는다. 때로는 남의 말을 듣는 게 더 나을 수도 있다. 그런 만큼 설사 내 생각이 백 퍼센트 옳다는 확신이 있어도 상대가 다른 이야기를 하면 진지하게 들을 줄 알아야 한다.

대화는 서로 다른 사고를 가진 사람끼리 타협점을 찾아가는 과정이다. 사람은 서로 생각하는 것이 같으면 안심하고, 그렇지 않으면 거북해하고 불안을 느낀다. 대화의 즐거움은 바로 여기에서 비롯된다. 서로 다른 생각을 가진 사람과의 만남을 통해 소통의 가능성을 열어가는 것이야말로 대화가 우리에게 선사하는 소중한 선물이다.

새로운 세계를 받아들인다고 해서 내가 가진 것을 잃거나 나 자신이 다른 사람으로 바뀌지는 않는다. 타인과의 교감을 통해 우리는 더 많은 것을 깨우치며 그만큼 더 큰 세계를 발견한다.

성공적인 대화가 사람의 그릇까지 크게 만드는 것이다. 얼마나 뿌듯한 일인가.

그렇다고 해서 남의 말을 무조건 다 받아들이라는 것은 아니다. 누가 무슨 이야기를 하든 생각 없이 고개만 끄덕이는 것은 줏대 없는 사람들이나 하는 행동이다. 자기 생각이라고는 없는 사람처럼 상대의 이야기에 그저 맞장구만 치는 것도 꼴불견이다.

어디까지나 최종 판단은 각자의 몫이다. 타인의 의견이나 조언은 참고자료 정도로 생각하면 된다.

마음을 열고 대화를 나눈다는 것은 상대의 이야기를 충분히 듣고 자신의 의견이나 주장을 분명히 밝히는 것을 뜻한다.

> **❝** 사람은 서로 생각하는 것이 같으면 안심하고, 그렇지 않으면 거북해하고 불안을 느낀다. **❞**

TIP

이럴 때 화제를 바꾸어라

- 하나의 화제가 오래 지속돼 참가자 가운데 싫증을 내는 사람이 생길 때.

- 분위기가 술렁일 정도로 비슷한 이야기를 질질 끌면서 결론을 내리지 못할 때.

- 자신이 제시한 화제에 대해 참가자들이 별로 관심을 갖지 않거나 흥미를 느끼지 않을 때.

- 이야기 도중 누군가의 기분을 상하게 했을 때.

- 이야기가 엉뚱한 방향으로 흘렀을 때

제 6 장

직장인의
성장을 돕는 화술

성공하는 샐러리맨의 8가지 특성

1. 술자리 매너가 좋다.

2. 상사 앞에서도 정중히 반론을 제기한다.

3. 무슨 일이든 뒤끝을 남기지 않는다.

4. 돈을 쓸 땐 화끈하게 쓸 줄도 안다.

5. 자기 일도 열심히 하지만 남의 일에도 기꺼이 협력한다.

6. 항상 태도가 밝다.

7. 남의 장점을 찾아낼 줄 안다.

8. 지나간 일에 연연하지 않는다.

1

. . .

말은 부드럽게,
행동은 유연하게

어느 여직원이 실수로 그만 업무상 매우 중요한 컴퓨터 파일을 손상시키고 말았다.

"어머, 어떡해!"

여직원은 사색이 돼 비명을 질렀고, 그와 동시에 부장의 호통이 떨어졌다.

"대체 직장을 뭐로 보고 이따위 실수를 하는 거야? 여기가 무슨 애들 놀이터인 줄 알아?"

물론 이런 유형의 실수에 관대한 상사는 드물다. 문제는 그 방법이다. 여기까지는 그럭저럭 이해가 된다고 치자. 그런데 이게 다가 아니었다.

"어쩌다 이 지경이 됐는지 안 봐도 뻔하다. 툭하면 SNS나 들여다보고 정신이 딴데 가 있으니 그런 어이없는 실수를 하는 거야!"

호통의 불길이 난데없이 개인적인 비난으로 옮겨붙자 당황한 여직원이 푹 숙였던 고개를 들었다.

"뭘 잘했다고 쳐다봐? 자존심은 있어? 그런데 그렇게 잘난 사람이 왜 하는 짓마다 이 모양이지?"

이젠 아예 훈계가 아니라 사람을 매장시켜버리고 작정한 듯 폭언을 퍼부어댔다. 여직원은 안색이 창백해져서 아무 말도 못하고 사무실을 나갔다.

부장은 사무실 전 직원이 야근을 해서라도 파일을 복구하고 그에 따른 업무를 처리하라고 지시했다. 공교롭게도 그날은 금요일이었고, 여직원 한 명의 실수로 졸지에 다른 동료들까지 고생하게 되자 불만이 터져 나왔다.

"하필 금요일 저녁에 야근이라니, 이게 뭐야!"

"참, 동료 복도 지지리 없네."

고의로 저지른 실수가 아니라는 것을 뻔히 알면서 당사자가 듣든 말든 수군대는 말들이 독화살처럼 날아왔다. 그녀는 비난의 화살을 온몸으로 받아내며 눈물을 삼켰다.

당신이 그 여직원이라면 어떤 심정이었을까. 물론 가장 큰 잘못은 업무에 차질을 빚은 그녀에게 있다. 하지만 아무리 그래도 상사가 지금 벌어진 일과 상관도 없는 얘길 들춰내며 인격을 깎아내린다면 누구나 반발심을 갖기 마련이다.

상사의 비난은 본질을 벗어나도 한참 벗어났다. 게다가 정확하지도 않다. 여직원이 무엇을 하다가 실수를 저질렀는지는 자신만 아는 일이다. 그것을 자기 멋대로 넘겨짚어서 인신공격을 해대는 행위는 당사자의 인격을 의심하게 만드는 언어폭력에 가깝다.

지위고하를 막론하고 누구나 한 번쯤 실수를 하기 마련이다. 잘못을 저지른 사람은 굳이 누가 비난하지 않아도 바늘방석에 앉은 기분일 것이다. 상사라면 부하직원을 다그치더라도 그 심정까지 건드리진 말아야 한다. 비난의 범위를 넘어선 비방은 반성도 개선도 기대할 수 없는 쓸모없는 언어의 남발에 지나지 않는다.

동료들도 마찬가지다. 군인에게 전우애가 있듯이 직장인에게는 동료애가 있다. 지금 동료가 겪는 일이 언젠가는 자신의 일이 될 수도 있다. 설사 그 일로 다소 손해를 본다 해도 당사자만큼은 아닐 것이다. 어려운 때일수록 상대를 너그럽게 감싸주는 마음 씀씀이가 절실하다.

실수를 한 여직원에게도 부족한 점은 있다. 그녀는 누구에게도 정식으로 사과하지 않았다. 자신의 잘못으로 회사업무에 지장을 주고 동료들을 불편하게 했다면 어떤 비난이 쏟아지더라도 진심으로 잘못을 인정하고 정식으로 사과했어야 옳다.

'잘못한 건 맞지만, 나도 속상해 죽겠는데 꼭 사과까지 해야 하나? 다들 내 마음이 어떨지 알고 있을 텐데.'

이런 생각이 들 수는 있겠지만, 자신이 저지른 일에 대해서는 끝까지 책임지려는 자세가 필요하다. 회사는 부모가 아니다. 잘못한 일은 잘못한 일이다. 자기감정에만 치우쳐 이해받기를 바란다면 성인답지 못한 행동이다.

"다시는 이런 일이 없게 하겠습니다. 그리고 사고는 저 때문에 생겼으니 제가 어떻게든 해결하겠습니다. 대신 다른 분들은 퇴근시켜주십시오."

사태를 스스로 해결할 능력이 있든 없든 험한 말로 꾸짖는 상사 앞에서 이렇게 냉정함을 잃지 않고 상황 수습 의지를 전했다면 한결 깔끔하게 마무리가 되었을 것이다.

사회생활을 바르게 하려면 무엇보다 말을 아껴야 한다. 쓸데없이 남의 사생활이나 들추고 다니며 험담을 일삼는 행동은 비난받아 마땅하다. 특히 정확하지도 않은 스캔들이나 인사이동에 관련해 입소문을 퍼뜨리고 다니는 사람은 결코 긍정적 평가를 받을 수 없다.

누가 누구와 연애를 한다더라, 누구는 처갓집이 든든해서 회사에서 잘려도 걱정할 게 없다더라 따위의 말들을 퍼뜨려 애꿎은 피해자를 만들어내는 사람을 좋게 보는 동료는 없을 것이다. 본인은 재미 삼아 한 말이라 해도 정작 그런 루머의 주인공은 사회생활이 곤란할 만큼 큰 상처를 입을 수도 있다.

나쁜 소문일수록 "아니 땐 굴뚝에 연기 날까" 하는 식으로 사람의 마음을 교묘하게 흔든다. 사실이든 아니든 일단 타인에

관한 부정적 이야기는 솔깃하게 만드는 힘이 있다.

그러나 이런 소문을 전해주는 사람도 심심풀이로 시간을 때울 때나 관심의 대상이 될 뿐이다. 그런 이야기를 들으면서 상대는 속으로는 이렇게 생각할지도 모른다.

'저 인간이 언젠가는 나도 이렇게 씹고 다니겠지? 조심해야겠어.'

말은 한 번 뱉으면 다시 주워 담을 수 없다. 그러므로 어떤 경우에도 동료를 헐뜯는 말을 해선 안 된다. 타인에 대한 비난이나 험담은 입에서 입으로 옮겨가며 점점 더 부풀려진다. 그러니 자의든 타의든 그런 회오리에 말려들지 않게 주의해야 한다.

"그 친구 얘기 들었지? 어떻게 생각해?"

어쩌다 이런 식으로 의중을 떠보는 질문을 받을 때는 적극적으로 의사표시를 하지 말고 마치 처음 듣는 얘기인 척, 별 관심도 없는 척 슬쩍 피해 가는 것이 현명하다.

반대로 자신도 알지 못하는 사이에 구설수의 주인공이 됐을 경우에는 철저히 무시하는 것이 상책이다. 남의 일은 쉽게 잊어버리는 것이 사람들의 습성이다. 공연히 대응해봤자 말만 더 많아질 뿐이다.

직장생활에서는 무엇보다 팀워크가 우선이다. 무조건 상대를 견제하기보다는 매사 협력하는 자세가 필요하다. 동료와의 협력이야말로 직장에 첫발을 내디딘 신입사원에게 가장 필요한 매너라고 할 수 있다.

어느 직장에나 까다로운 선배나 상사가 있고, 이들과의 관계에서 감정의 골이 생기면 신입사원의 경우는 더욱더 견디기가 힘들다. 윗사람에게는 항상 깍듯이 대하고 예의에 어긋나는 행동을 하지 않도록 주의해야 한다.

초보 직장인들은 곧잘 무리를 지어 다닌다. 그런데 회사 안에서 끼리끼리 모여 다니는 모습은 별로 보기 좋지 않다. 학창시절이라면 친한 친구끼리 어울려 다니는 게 자연스럽겠지만, 조직사회에서는 위화감을 조성하는 행동이 될 수도 있다.

직장에서는 필요할 때만 모이면 된다. 언제나 팀워크를 먼저 생각하자. 동료의 허물을 덮어주려고 애쓰는 사람, 윗사람에게 예의를 갖춰 대하되 비굴하거나 아첨 떠는 것으로 보이지 않는 사람, 겉모습보다는 내면이 아름다운 사람. 성공하는 직장인은 바로 이런 미덕을 고루 갖춘 사람이다.

❝ 비난의 범위를 넘어선 비방은 반성도 개선도 기대할 수 없는 쓸모없는 언어의 남발에 지나지 않는다. **❞**

좋은 리더가 되려면

• 용기가 있어야 한다.

• 자신을 잘 다스려야 한다.

• 불타는 정의감이 있어야 한다.

• 단호한 결단력이 있어야 한다.

• 계획성 있게 행동해야 한다.

• 성격이 쾌활해야 한다.

• 이해력과 포용력이 있어야 한다.

• 지식이 풍부해야 한다.

• 책임감이 강해야 한다.

• 협조적인 자세가 필요하다.

2

...

항상 묻고
메모하는
습관을 들이자

자신이 맡은 업무에 미심쩍은 부분이 있을 때는 언제든 담당
자에게 물어 내용을 확실히 파악해야 한다. 대충 감에 의지해
일을 처리해버리면 나중에 반드시 문제가 생기기 마련이다.

질문을 한다는 것은 그만큼 일을 열심히 하겠다는 의지의 표
현이다. 그런 의미에서 질문은 상대에게 강한 인상을 남기는
데 효과적인 방법이기도 하다. 모르는 것이 있으면 언제든 질
문하는 습관을 들이자. 제대로 알지도 못하면서 어떻게든 혼자
해보겠다고 과욕을 부렸다가는 오히려 신뢰감을 잃게 된다.

'왜 알지도 못하면서 일을 제멋대로 처리한 거지? 직속상사
를 우습게 보는 거야, 뭐야?'

상사의 입장에서는 언짢을 수도 있다. 한번 비뚤어진 심사를
바로잡는 데 들어가는 노력과 시간이 실수로 어긋나버린 업무

를 제대로 처리하는 데 필요한 노력과 시간보다 훨씬 더 많다는 것을 잊지 말자.

질문을 할 때는 타이밍을 잘 포착해야 한다. 질문의 타이밍은 지시를 받은 시점에서 멀지 않아야 한다. 업무 중간에라도 확인하면 최악의 실수는 면할 수 있게 된다.

또한, 같은 질문을 되풀이하는 것은 금물이다. 상대에게 말귀가 어두운 사람이라는 인상을 주게 되면 웃는 낯으로 대화를 나누기가 힘들어진다. 상대의 마음속에는 이미 당신에 대한 고정관념 하나가 자리하고 있기 때문이다.

윗사람의 지시에 "예, 예" 하고 건성으로 대답했다가는 당연히 일에 착오가 생긴다. 기껏 알았다고 대답하고는 "아까는 제가 경황이 없어서요." 하고 둘러대는 부하직원을 좋아할 상사는 아무도 없다. 아무리 바쁘고 경황이 없어도 윗사람의 지시에는 항상 진지하게 귀를 기울여야 한다.

상사에게 반론을 제기할 때는 융통성을 발휘할 필요가 있다. 권위적인 상사라면 조언이나 의견을 구하는 자세로 정중하게 접근해야 한다. 권위적인 상사가 아니라도 직설화법은 윗사람을 우습게 아는 무례한 직원이라는 인상을 줄 수도 있다. 특히 동료들이 있는 자리에서 상사의 지시사항에 적극적으로 반론을 펴는 일은 피하는 것이 좋다. 내용이 옳으냐 그르냐를 떠나 그런 행동은 상대의 권위에 정면으로 도전하는 행동으로 보일 가능성이 크다.

업무보고는 결론과 그 결론에 이르기까지의 과정을 미리 정리한 뒤 하도록 한다. 일과 관련된 보고는 장황하지 않은 것이 좋다. 도대체 무슨 말인지 요점 파악이 어렵고, 설명인지 변명인지 알 수 없는 말들을 뒤죽박죽 늘어놓는다면 당장 상사의 목소리가 높아질 것이다.

"도대체 요점이 뭔가? 한다는 건가, 안 한다는 건가?"

더 심한 꾸중을 들을 때도 있다.

"왜 말귀도 못 알아듣는 거야? 이런 변변치 못한 사람 같으니라고!"

이런 불상사를 겪지 않으려면 미리 철저하게 준비해야 한다. 메모도 업무의 일부다. 상사에게 보고하러 가기 전 요점을 따로 메모해두는 것도 한 방법이다. 다음에는 자기가 하는 보고의 결론이 무엇인가를 재확인한다. 그러고 나서 그 결론을 이끌어낸 경위를 간결하게 정리한다.

신입사원이 부서 배치를 받았을 때 가장 먼저 파악해야 할 일이 바로 소속 부원들의 스케줄을 알아두는 것이다. 누가 무슨 일로 어느 거래처에 갔는지, 또 누가 어디로 출장 가서 언제 돌아오는지 등의 스케줄을 정확히 파악해 메모해두면 그만큼 사람들을 대하기가 수월해진다.

담당자가 부재중이거나 출장을 갔을 때 업무상 급히 의논해야 할 일이 생길 수도 있으므로 그런 경우를 대비해 소재를 정확히 알릴 수 있도록 준비한다.

"과장님은 지금 부산 출장 중이시고, 내일 아침 10시까지 귀사할 예정입니다."

❝ 메모도 업무의 일부다. 대충 감에 의지해 일을 처리해버리면 나중에 반드시 문제가 생기기 마련이다. ❞

화제를 선택하는 10가지 요령

1. 목적에 맞는 화제를 선택한다.

2. 구체적인 화제를 선택한다.

3. 일상생활에서 익숙한 화제를 선택한다.

4. 시사성 있는 화제를 선택한다.

5. 유머러스한 화제를 선택한다.

6. 욕망에 호소할 수 있는 화제를 선택한다.

7. 스릴 있는 화제를 선택한다.

8. 경험적인 화제를 선택한다.

9. 숫자나 통계를 제시할 수 있는 화제를 선택한다.

10. 실현성 있는 화제를 선택한다.

3

...

적당한
아부도
실력이다

어느 직장에나 기피대상자가 있다. 기분에 따라 말을 함부로 내뱉는 사람, 여직원들에게 성적인 농담을 툭툭 던지는 사람, 기름독에 빠졌다 나온 것처럼 뺀질거리는 사람, 행동이 거칠고 폭력적인 사람 등이 이에 해당된다. 특히 후배나 여성 동료들은 우습게 알면서 윗사람 앞에만 가면 순한 양이 되는 표리부동형 직장인은 어딜 가나 환영받지 못한다.

누구에게나 잘 보이려고 안달하는 이른바 예스맨도 기피대상자에 해당한다. 이런 사람의 특징은 어려운 때 본모습이 나타난다는 것이다. 가령 중요한 일이 생기면 자신의 생각이나 의견을 감추고 복지부동으로 일관한다. 책임질 일이 생길까 두려워 일단 숨고 보는 것이다.

남에게 잘 보이려는 노력이 무조건 나쁘다는 것은 아니다.

아부도 적당히 하면 실력이 된다.

어느 대기업 인사담당자는 도를 넘어서지 않는 아부를 직장생활에 유리한 노하우로 제시하며 다음과 같이 말한다.

아부라는 말이 부정적인 느낌을 갖게 하는 것은 사실이다. 하지만 상사의 영향력을 무시할 수 없는 조직 사회에서 적당한 아부는 필요불가결하다.

예를 들어 겸손하고 예의 바른 태도, 감사의 메모나 메일, 좋은 날 작은 선물을 챙기거나 하는 등의 성의가 쌓이면 윗사람의 신뢰를 얻게 된다. 실제로 연봉이나 승진 심사에서 일만 잘하고 대인관계가 원만치 못한 사람보다는 업무능력이 조금 부족해도 인간미와 신의가 있는 사람이 더 유리하다는 조사결과도 있다.

결국, 사람을 대하는 마음이 무엇보다 중요하다는 것이다. 그러나 '직장생활 편하게 하려면 윗사람 눈에만 들면 돼' 하는 생각으로 상사의 비위나 맞추려 드는 것은 자신의 인생을 허접하게 만드는 지름길이다. 대개 무능하고 게으른 사람들 가운데 이런 유형이 많다. 꿍꿍이가 있는 립서비스는 아무래도 티가 나기 마련이다. 진실보다 목적이 우선하는 불순한 의도를 가지고는 어느 조직에서도 성공할 수 없다.

직장에서의 인간관계는 가족이나 부부 사이처럼 끈끈한 유대감으로 맺어지는 게 아니다. 어차피 남남인 사람들끼리 경쟁하고 협력하는 조직이므로 늘 조심하면서 신중하게 처신해야 한다. 표면적인 현상에만 주의를 기울이다 보면 자신도 알지 못하는 사이에 '적당주의자'로 낙인찍혀 조직에서 따돌림을 당하게 된다.

직장인은 당연히 성공을 향한 비전을 세운다. 일을 통해서 늘 새로운 가치와 보람을 발견하려고 노력하는 자세가 직장생활에 활기를 불러온다. 이왕 하는 일 웃으면서 하다 보면 일을 즐길 줄 아는 여유도 생긴다.

"이걸 꼭 오늘 안에 해야 하나? 중요한 일도 아닌데."

상사가 다소 무리한 지시를 하더라도 이러쿵저러쿵 불평할 게 아니라 우선은 긍정적으로 받아들이는 마음가짐이 필요하다. 어차피 해야 할 일을 두고 불평해봤자 자기 자신만 힘들어질 뿐이다.

"걱정 마십시오. 이 일은 제가 꼭 오늘 안에 처리하겠습니다."

중요하다고 생각되지 않는 일이라도 흔쾌히 받아들이는 기분 좋은 말 한마디에 인사고과 평점이 달라질 수도 있다.

❝ '직장생활 편하게 하려면 윗사람 눈에만 들면 돼' 하는 생각으로 상사의 비위나 맞추려 드는 것은 자신의 인생을 허접하게 만드는 지름길이다. **❞**

TIP

이런 사람은 성공할 수 없다

- 자신이 무엇을 바라는지 모른다.

- 오늘 할 일을 내일로 미룬다.

- 문제에 정면으로 맞서지 않고 남에게 책임을 전가한다.

- 문제 해결을 위한 계획은 세우지 않고 그럴듯한 구실을 대며 회피해버린다.

- 다른 사람에게는 엄하게 책임을 물으면서 자신의 잘못은 인정하지 않는다.

- 열의가 없다.

- 첫 실패에 좌절해 일어서려고 하지 않는다.

- 목표나 소망을 적어두어야 분석도 반성도 가능한데 구체적인 계획을 세우지 않는다.

- 눈앞에 아이디어가 떠오르거나 기회가 생겨도 이를 활용하려 하지 않는다.

- 다른 사람의 생각, 평가, 비판을 두려워한 나머지 아무런 행동도 하지 못한다.

4

...

아랫사람이
자유롭게 말해야
조직이 산다

어느 회사의 기획실 동료들이 몇 달간 공들여 작업한 과제를 마무리한 뒤 조촐한 축하 파티를 열었다.

"오늘은 실컷 마시고 맘껏 놀아봅시다."

김 팀장의 인사말과 함께 술잔이 돌아가고 좌중은 시끌벅적해졌다. 김 팀장은 유난히 목소리가 크고 말하는 것을 좋아하는 사람이었다. 그날 술자리도 그의 독무대였다.

"이번 프로젝트를 완성하고 가장 의미 있는 건…….."

"그런 골치 아픈 얘긴 집어치우자고, 응? 오늘은 일 따윈 잊어버리는 거야!"

"예, 아무튼 팀장님 수고 많으셨습니다."

"근데 말이야, 이번에 내가 얼마나 노심초사했는지 알아? 기한 내에 끝마치지 못하면 어쩌나 걱정돼서 하루도 마음 편할

날이 없었다니까."

　누가 무슨 말을 하려고 하면 김 팀장은 기다렸다는 듯이 말을 낚아채곤 했다. 그렇긴 해도 재미있는 농담을 잘해서 술자리에서는 웃음소리가 끊이지 않았다.

　만일 김 팀장이 권위적인 상사였다면 이날 술자리는 따분하고 짜증 나는 시간이었을 것이다. 그러나 그는 비록 남의 말을 톡톡 가로채긴 해도 상대를 질리게 만드는 유형은 아니었다.

　"팀장님, 우리도 말 좀 하자고요!"

　참다못해 팀원 한 사람이 입바른 소리를 했다. 자칫하면 분위기가 썰렁하게 가라앉을 수도 있는 상황인데, 이를 받아치는 김 팀장의 대답이 걸작이었다.

　"나는 목이 자주 고장 나서 이렇게 관리를 해줘야 해. 왜? 내가 말을 많이 하는 게 싫어? 나가서 한판 붙을까?"

　"하하하! 역시 팀장님 말발은 알아줘야 한다니까요."

　"내가 혼자 떠들어서 불만인 모양인데, 당신들이 날 재미있게 해주면 입 다물 수도 있어."

　그가 약간 풀죽은 음성으로 너스레를 떨자 다른 팀원이 한마디 거들었다.

　"아무래도 팀장님 혼자 떠드시는 게 더 재미있을 것 같은데요."

　"그래? 그럼 내 덕분에 웃고 즐겼으니 시청료 내놔!"

　말을 많이 한다고 해서 꼭 나쁜 것만은 아니다. 김 팀장은 자기가 떠들어서 분위기를 띄우는 유형이라 할 수 있다. 그는 말을 하면서 듣는 사람의 움직임, 그 모임의 분위기까지 읽는다. 적당히 분위기를 맞춰가며 떠들기 때문에 오래 이야기를 해도 지루하게 느껴지지 않는다.

정작 심각한 유형은 독불장군처럼 혼자 떠들면서 아예 다른 사람들의 입을 닫아버리는 사람이다. 이런 사람이 조직의 수장으로 있으면 갈등 상황이 발생했을 때 문제를 해결하기가 쉽지 않을 것이다.

우리 사회에는 지금도 말에 대한 몇 가지 금기사항이 존재한다. 이를테면 식탁에선 가급적 말을 많이 하지 않는 것이 좋다. 또 나이 많은 어른들에게 먼저 말을 붙이거나 질문하는 것, 자기주장을 내세우는 것은 무례한 행동으로 비치기 쉽다.

서양인들은 때와 장소를 불문하고 기탄없이 자기표현을 하는 게 생활화돼 있다. 아무리 엄숙한 자리에서도 재미있으면 웃고 의문이 생기면 질문을 던진다. 주제 발표회장 같은 데서 강연자들도 청중에게 질문을 던지고 서로 농담을 주거니 받거니 하며 생동감 있는 분위기를 연출한다.

커뮤니케이션의 본질은 쌍방의 대화를 전제로 하는 것이다. 이런 면에서 보자면 우리는 다소 비정상적이라 할 수 있다. 우리 사회는 가정에서나 직장에서나 아랫사람과 윗사람과의 대화 채널이 경직돼 있다. 주로 윗사람이 먼저 말하고 아랫사람은 그 말을 듣고 지시에 따르는 것이 일반적인 형태다. 때로는 "자유롭게 의견을 말해보라"고 하는 윗사람의 말을 곧이곧대로 받아들였다가 미움을 사기도 한다. 결국, 가만있으면 중간은 간다는 식의 처세술이 일반적으로 통하는 사회에 우리는 살고 있다.

어떤 조직도 한 사람의 천재에 의존할 수는 없다. 천재는 항상 찾기 어려운 곳에 있을 뿐만 아니라 모든 면에서 유능하리라는 보장이 없기 때문이다. 구성원 각자가 다른 구성원의 능력을 발휘하도록 돕는 것이 조직의 성패를 좌우한다. 조직의 목적은 보통사람들이 보통사람 이상의 일을 하게 만드는 데 있다. 그런데 대화 채널이 개방되지 않으면 커뮤니케이션의 활성화는 불가능하다. 가장 낮은 곳에서부터 가장 높은 곳에까지 다양한 통로가 열려 있어야 조직이 살아난다.

윗사람이라고 해서 항상 옳은 의견이나 주장만 내놓는 것은 아니다. 갓 입사한 사원한테도 배울 점은 있다.

"아직 경험도 없는 신입 주제에 뭘 안다고 선배를 가르치려 들어?"

업무를 처리하는 과정에서 다른 의견을 내는 후배를 이렇게 무시하는 상사는 조직의 리더가 될 자격이 없다. 윗사람이 자꾸 아랫사람의 의견을 억누르려고 하면 열심히 해보려는 의욕도 사라진다. 누군가의 새로운 의견은 조직 발전을 이루는 귀한 정보가 될 수도 있다.

아무리 사소한 의견이라도 귀담아들어야 한다. 무조건 시시하고 쓸데없는 의견으로 취급해 배제하는 것은 대화 채널을 닫아버리는 것과 같다. 오히려 웅성대는 잡음에 귀를 기울이다 보면 반향이 점점 커져 마침내 조화를 이루게 된다. 아랫사람들의 작은 목소리에도 귀를 기울일 줄 아는 자세야말로 조직의 리더가 갖춰야 할 첫 번째 덕목이다.

❝ 커뮤니케이션의 본질은 쌍방의 대화를 전제로 하는 것이다. 가장 낮은 곳에서부터 가장 높은 곳에까지 다양한 통로가 열려 있어야 조직이 살아난다. ❞

상사의 성격별 설득 포인트

• 자기과시형 상사

"부장님 말씀에 따라서", "전에 부장님이 지시하신 것같이" 등 상대가 이미 언급한 내용을 가지고 설득한다.

• 즉흥적인 성격의 상사

그 일의 결과를 최대한 리얼하게 설명해서 상대의 감정에 불을 붙인다. 기대감을 이끌어내는 것이 가장 효과적인 설득 방법이다.

• 소심한 성격의 상사

되도록 천천히, 차분하게 대화를 유도하여 확신을 심어준다.

• 따지기를 좋아하는 성격의 상사

설득하려는 내용을 충분히 검토해서 이치에 맞게 정리한 뒤 이야기를 조리 있게 풀어간다.

• 책임회피형 상사

무엇을, 어떻게, 언제까지, 어느 범위까지 등 구체적인 사실을 확인해둔다.

5

...

회사와 당신의
이미지를 살리는
전화 매너

　전화상담원들은 통화 도중 반드시 메모를 하도록 교육을 받는다. 전문상담원이 아닌 회사의 일반직원도 통화 중에는 메모를 해야 한다. 전화의 특성상 짧은 시간 안에 말을 주고받기 때문에 중요한 내용을 흘려듣거나 통화가 끝난 뒤 기억을 못 할 수도 있다. 그러므로 항상 메모를 해가며 통화하는 습관을 들여야 한다.

　또 전화기의 감이 멀거나 상대의 말뜻을 잘 알아들을 수 없는 경우 삼가야 할 표현이 있다.

　"여보세요?"

　"예?"

　"뭐라고요?"

　이와 같은 표현은 통화의 당사자는 물론 옆에서 듣는 사람까지 짜증 나게 한다.

전화가 걸려오면 벨이 두 번 울린 다음 수화기를 들고 자신의 소속과 이름을 밝힌다. 전화를 받는 쪽의 신분을 먼저 밝히는 것은 통화에 대한 책임을 진다는 표현인 동시에 상대에게 신뢰감을 주는 플러스 전략이다.

일본의 한 마케팅 회사에는 외부에서 걸려온 전화를 응대하는 매뉴얼이 정해져 있다고 한다. 첫인사는 예외 없이 이렇게 시작된다.

"안녕하세요, 사랑합니다. 저는 ○○부서의 ○○○입니다."

또 통화를 끝낼 때도 반드시 정해진 인사를 건넨다.

"고맙습니다, 사랑합니다. 행복하세요."

처음에는 "얼굴도 모르는 사람한테 어떻게 그런 인사를 하느냐"며 어색해하는 사람도 있었지만, 고객들의 반응이 좋아 모든 직원이 적극적으로 동참하게 되었다고 한다. 이 전화 문화가 우리나라 기업에도 도입돼 어느 회사에 전화를 걸었다가 얼굴도 모르는 상대에게서 다짜고짜 사랑 고백을 받았던 경험이 누구나 한 번쯤 있을 것이다.

전화 응대에도 임기응변과 순발력이 필요하다. 윗사람이 자리에 없을 때 걸려온 전화의 경우 최대한 간결하고 구체적으로 답하는 것이 좋다. 상대가 같은 말을 여러 번 되풀이하지 않도록 배려하는 것이다.

"김 부장님은 지금 자리에 안 계십니다."

"박 이사님은 출장 중이십니다. 휴대폰을 이용하시거나 오후 5시 이후 다시 걸어주십시오."

이 정도의 대답밖에 할 수 없다면 그저 사무실을 지키는 사람에 지나지 않는다. 이런 상황에서 좀 더 적극적인 자세로 전화를 받으려면 어떻게 말하는 게 좋을까.

"혹시 휴대폰으로 연락을 해보셨습니까? 만약에 통화가 되지 않는다면 출장 중이라 무슨 사정이 있을 겁니다. 제가 최대한 연락을 취해보겠습니다. 시간 여유를 조금만 주시면 감사하겠습니다."

이렇게 일단 10분쯤 여유를 얻어 찾는 사람에게 연락을 취해보고 그 결과를 알려주면 된다.

또한, 상사를 대신해 용건을 알아두는 것도 중요하다.

"그 일이라면 저한테 말씀하셔도 됩니다."

"자세한 내용은 저희 부장님이 직접 연락드린다고 하셨는데, 저한테 이러저러한 지시를 해두고 가셨습니다."

이런 식으로 내부 연락사항을 상대에게 정확히 알려주며 대화하면 상대는 전화 응대를 하는 당신은 물론 회사에도 좋은 느낌을 받을 것이다.

회사 위치를 묻는 전화를 받을 경우 먼저 목표가 될 만한 것을 알아듣기 쉽게 또박또박 일러준다. 가장 가까이 있고 찾기 쉬운 역이나 큰 건물, 누구나 알아볼 만큼 특징이 분명한 목표물로 정해주어야 한다.

　방향은 오른쪽, 왼쪽으로 말해준다. 처음 찾아오는 사람에게 "동쪽으로 10미터쯤 오다가 다시 서쪽으로~" 하는 식으로 말하면 오히려 방향을 잡기가 어려워진다. 상대에게 메모할 시간 여유를 주면서 목적지까지 찾아오는 데 걸리는 시간과 차량 소통 관계 등도 설명해주면 한결 도움이 될 것이다.

　최고의 전화 예절은 상대방의 입장에서 생각하고 대답하는 것이라는 점만 기억하면 된다. 그러면 어떤 통화를 하든 상대방에게 강한 인상을 남길 수 있다.

❝ 전화를 받는 쪽의 신분을 먼저 밝히는 것은 통화에 대한 책임을 진다는 표현인 동시에 상대에게 신뢰감을 주는 플러스 전략이다. **❞**

유능한 리더의 동기부여 방식

- 중요한 일을 처리할 수 있는 기회를 제공한다.

- 잘한 일은 공식적으로 칭찬한다.

- 성과를 격려하는 의미에서 팀원들을 집으로 초대한다.

- 가끔은 팀원의 가족에게 문자 메시지나 메일을 통해 감사를 전한다.

- 작은 정성이 담긴 예기치 않은 선물을 건넨다.

- 자신의 권한으로 이용할 수 있는 사내 서비스를 제공한다.

- 윗사람들과 식사할 기회를 제공한다.

- 팀원들의 경조사를 기억하여 적절한 대접을 해준다.

제 7 장

가족,
너무 편하게만 여기지 말자

1

...

부모 자식 간에도
넘지 말아야 할
선이 있다

"머리 꼬라지하고는……."

아들과 아침 식사를 하던 아버지가 잔뜩 못마땅한 얼굴로 자리에서 일어난다. 아들의 기죽은 표정을 뒤로한 채 대문을 나서던 아버지가 휴대폰이 없는 걸 발견한다. 아들의 휴대폰으로 발신음을 울려 찾아낸 아버지의 휴대폰에는 발신자가 '나의 희망'으로 뜬다. 그것을 본 아들의 표정은 대번 감격 그 자체로 변한다.

언젠가 텔레비전에 나오는 휴대폰 광고를 보면서 현실에서라면 아들의 표정이 정말 그렇게 순식간에 변할 수 있을까에 대해 의문이 들었다. 아마도 십중팔구는 아침 밥상머리에서부터 앞뒤 없이 자신을 몰아세우던 아버지가 휴대폰엔 '나의 희망'이라고 저장해놓은 걸 보면 이율배반적인 느낌을 받았을 것이다. 물론 부모가 말은 심하게 해도 속은 그렇지 않다는 걸 강조하려는 의도에서 만들어진 광고겠지만, 당사자들에게 이런 내용이 얼마나 큰 설득력을 발휘할지 모르겠다.

모든 부모는 자식을 사랑한다. 그러나 부모의 사랑법에 따라 자식들은 때때로 부모를 원망하거나 자신이 불행하다고 여긴다. 자식을 위한다고 했던 말들이 정작 자식에게는 상처로 남았기 때문이다. 머리 모양이 단정치 못한 아들에게 밥상머리에서 "머리 꼬라지하고는" 하고 모욕에 가까운 말을 했던 아버지가 실상은 아들에게 모든 걸 걸고 있더라는 식의 반전으로 감동과 이해를 유발한다는 것은 가부장적 시대에나 통할 수 있는 낡은 사고방식으로 여겨지기도 한다.

정 그렇게 아들의 머리 모양이 보기 싫었다면 '꼬라지' 운운하지 말고 좀 더 부드럽고 구체적으로 요구사항을 전달했어야 한다.

"그 머리 내가 보기엔 영 아닌데, 좀 다르게 해볼 수 없니?"

물론 부모 세대와는 가치관이 다른 아들이 아버지의 요구를 백 퍼센트 받아들이지 않을 수도 있다. 하지만 겉으론 반발하더라도 거울을 볼 때마다 아버지의 말을 되새겨볼 수는 있을 것이다.

요즘은 초등학교 고학년만 돼도 자의식이 발달해 모든 것을 자기 뜻대로 하려는 경향이 강하다. 부모가 아무리 옳은 소릴 해도 스스로 납득되지 않으면 토를 단다. 이럴 때 성미 급한 부모가 꼭 하는 말이 있다.

"어른이 시키면 시키는 대로 할 것이지, 웬 말이 그렇게 많아?"

이런 말을 해서 당장 아이를 굴복시킬 수 있을지는 몰라도 설득에는 실패한 것이다. 단지 상대가 어른이라서, 부모라서 순종해야 한다고 가르치면 아이는 자랄수록 반발심이 커진다. 부모가 좋은 뜻에서 하는 말도 아이는 잔소리로 듣는다. 아이가 하고 싶지 않은 일을 해야만 하는 이유를 이해시키지 못한 상태에서 어른으로서의 권위만 강조한다면 부모와 자식 간에 장벽을 쌓는 일이다.

그렇게 자라 어느 정도 나이가 들면 자녀는 대놓고 반항하거나 부모와는 아예 긴말을 하려 하지 않는다.

"알았으니까 그만하세요."

자녀가 이런 식으로 반응하는 것은 어른이 시키는 일은 무조건 해야 한다고 했던 부모의 가르침에 대한 최소한의 항변이다. 당연히 부모가 못마땅하게 여긴 태도나 행동에 대한 개선은 이루어지지 않는다. 같은 일이 여러 번 되풀이되면서 부모 자식 간의 장벽은 점점 높아만 간다. 이럴 때 가장 위험한 것은 모든 걸 포기한 듯한 부모의 말투다.

경희 씨는 요즘 중학교 3학년 딸 수진이 때문에 우울증에 걸릴 지경이다. 수진이는 도무지 공부에 관심이 없다. 학원이다

과외다 남들 하는 건 다 시켜봤지만, 성적은 하위권에 머무른 지 오래됐고 뭐 하나 잘하는 게 없다. 초등학교 때부터 하도 속을 썩이는 바람에 '머리가 나빠서 그런가 보다' 하고 일찌감치 큰 기대를 접었다. 그런데 이젠 해도 해도 너무한다 싶다. 갑자기 외모에 신경을 쓴다 싶더니 아예 연예계로 진출하겠다며 성형수술을 시켜달라는 것이다.

"난 아빠 닮아서 코가 못생긴 게 콤플렉스란 말이야. 딴 친구들은 엄마가 다 알아서 해주던데, 난 뭐야?"

"네 코가 어때서? 너 낼모레면 고등학생이야. 머리가 나쁘면 생각이라도 있어야지. 지금 그걸 말이라고 해?"

"됐어, 엄마랑은 말이 안 통해."

입만 열면 수술 타령을 하는 딸에게 답답해서 한마디 했더니 파마라도 하게 돈을 내놓으란다.

"방학 땐 다들 그렇게 하고 다닌단 말이에요."

"방학 때 그러고 다니면서 뭐하려고? 못된 송아지 엉덩이에 뿔이 난다더니 딱 그 짝이네?"

경희 씨는 딱 잘라서 안 된다고 말했다. 그랬더니 수진이는 얼굴이 새파랗게 질려 제 방문을 쾅 닫고 들어가 버렸다. 흥분한 경희 씨가 방으로 따라 들어갔다.

"너 이거 어디서 배워먹은 버릇이야? 공부도 못하는 게 머리에 똥만 들어서, 나중에 커서 뭐가 될지 안 봐도 뻔하다."

그날 이후 수진이는 입을 닫아버렸다. 너무 심한 말을 했다 싶어 싫다는 애를 붙잡고 백화점에 데려가 좋아하는 옷을 사주기도 했지만 그때뿐이었다. 학교생활은 잘하고 있는지, 친구들은 어떤지 물어도 귀찮다는 듯 건성으로 대답하곤 했다.

저러다 나쁜 길로 빠지는 건 아닌지 경희 씨는 애가 타서 죽을 지경이다. 도대체 어디서부터 실마리를 풀어야 할지 답이 안 나오는 상황이다.

딸에 대한 경희 씨의 태도에서 가장 문제가 되는 것은 설득 방법이 지나치게 직설적이었다는 점이다. 물론 아이는 부모가 예측할 수 있는 범위를 훨씬 넘어선 행동을 하고 있다. 공부에 관심이 없으니 좋은 대학에는 갈 수 없겠다는 정도의 체념으로 자신을 추슬렀던 엄마 입장에선 딸의 되바라진 행동이 충격이었을 수도 있다. 그렇더라도 '못된 송아지' 운운하며 '안 봐도 뻔하다'고 한 것은 딸의 자존감을 짓밟는 최악의 표현이었다.

아이들이 빗나가는 건 대부분 이런 경우다. 부모의 기대에 어긋났다는 소외감이 아이들을 부모와 자꾸 멀어지게 만드는 것이다. 위인들의 삶을 다룬 수많은 책에서도 부모들이 하는 가장 흔한 말이 "나는 너를 믿는다"이다. 자식의 성장에 부모의 격려와 지지만큼 훌륭한 밑거름은 없다.

"넌 참 구제불능이다. 어쩜 하는 일이 다 그 모양이니?"

"그럴 줄 알았어. 너 같은 애한테 뭘 기대하겠니?"

아무리 속상해도 이런 말은 절대금물이다. 잘못한 게 있으면 그것만 가지고 따져야 한다. 두 번 다시 같은 실수를 되풀이하지 않게 하겠다며 지난 일까지 시시콜콜 들춰낸다면 "영원히 넌 안 돼" 하고 말하는 것과 같다. 부모는 자식이 열 번 실수를 해도 열한 번째엔 반드시 성공할 것이라고 말해줘야 한다.

어린아이들은 태어나면서부터 부모의 무조건적 사랑을 받는다. 그런 아이들이 자라면서 이런저런 말썽을 피운다. 이럴 때 부모가 야단을 치는 것은 당연하지만, 꾸중을 비난처럼 해선 안 된다. 아이들은 부모가 자신을 인정해주지 않는다고 생각하면 다른 사람 앞에서도 풀이 죽기 마련이다. 자식에게 부모는 세상에서 만난 첫 번째 타인이기 때문이다.

❝ 아이가 하고 싶지 않은 일을 해야만 하는 이유를 이해시키지 못한 상태에서 어른으로서의 권위만 강조한다면 부모와 자식 간에 장벽을 쌓는 일이다. ❞

2

...

'있는 말'도
안 해야 하는
경우가 있다

명절이 가까워지면 언론매체에 단골로 등장하는 내용이 '가족끼리 모였을 때 가장 듣기 싫은 말'에 대한 설문조사 결과다. 사는 게 바빠서 자주 만나지 못했던 가족들이 한자리에 모이면 이런저런 이야기가 오가기 마련이다. 그런데 반가운 만남의 자리가 꼭 좋게만 마무리되는 것은 아니다.

불협화음의 시작은 대체로 사소한 것에서 비롯된다. 오랜만에 만난 가족들이 서로 안부를 묻다가 문제가 생기기도 한다.

"넌 아직 거기 다니냐?"

대기업에 근무하는 정환 씨가 동생 민태 씨에게 묻는다. 듣기에 따라선 지극히 평범한 안부 인사지만, 동생의 표정이 밝지 않다.

"아직이라니?"

"네 성격에 한군데 붙어 있는 게 신기해서 그러지."

"한군데 붙어 있지 않으면 형이 취직이라도 시켜주려고?"

말꼬리를 잡고 늘어지는 동생의 태도에 정환 씨는 은근히 부아가 치민다. 어쩐지 동생의 말에 뼈가 있는 것 같아 정환 씨의 대답에도 가시가 돋친다.

"잘하라는 얘기지. 지난번처럼 욱해서 때려치우고 식구들 걱정시키지 말고."

"걱정하지 마. 굶어 죽어도 형한테 손 벌릴 생각은 없으니까 신경 끄라고."

"이 자식이 정말! 너 말 다했어?"

"왜, 한 대 치려고? 맘대로 해봐."

갑자기 형제지간에 눈을 부라리며 주먹다짐이라도 할 태세다.

"왜들 이래요? 어머님, 아버님 아시면 어쩌려고."

"여보, 일단 밖으로 나가요."

그러자 아내들이 놀라서 말리고 나섰다.

"너, 나중에 나 좀 보자!"

형이 못 이기는 척 한발 물러서자 민태 씨도 아내 손에 이끌려 밖으로 나갔다.

사실 형제간에 티격태격한 게 한두 번도 아니었다. 어릴 때부터 형제는 모든 면에서 차이가 났다. 공부 잘하는 모범생이었던 정환 씨는 매사에 빈틈없는 원칙주의자였다. 반면 민태 씨는 공부를 썩 잘하지는 못했고, 하는 일이 야무지지 못하다는 소릴 자주 들었다. 정환 씨는 동생이 작은 실수라도 하면 심하게 면박을 주곤 했다. 어릴 땐 형이라서 참았지만, 나이 들어서까지 자식 다루듯 하는 태도에 민태 씨도 인내심의 한계를 느꼈다.

오늘만 해도 그렇다. 그냥 '회사 잘 다니냐'고만 물어도 될 것을 굳이 '아직'이라는 단서를 붙여 염장을 지를 게 뭐란 말인가. 사실 직장을 여러 군데 옮겨 다니긴 했지만, 그때마다 그 나름의 이유와 사정이 있었다. 그런데 형이라는 사람이 마치 사고뭉치 대하듯 말끝마다 묘한 뉘앙스를 풍기는 데는 비위가 상할 수밖에 없었다.

식구들 앞에서 직장을 옮겼다는 이야기를 할 때마다 민태 씨 속도 편하지는 않았다. 그렇다고 잘나가는 형에게 도움을 청할 생각은 추호도 없었다. 그런데도 형은 동생이 실직이라도 하면 불똥이 자기한테 튈까 봐 전전긍긍하는 눈치였다. 평소 그런 생각을 하던 차에 저쪽에서 던지는 말이 삐딱하게 들렸으니 민태 씨의 반응이 곱게 나올 리 없었다.

동생이 밖에 나가 있는 동안 정환 씨도 화를 삭이지 못해 씩씩거렸다. 형으로서 한마디 한 게 뭐 그리 흥분할 일인지 생각할수록 동생이 괘씸했다. 그런 남편을 지켜보는 아내도 속상하긴 마찬가지였다. 형을 죽일 듯 노려보던 시동생의 얼굴을 생각하면 기가 막혔다.

"나중에 따끔하게 야단치고 오늘은 그냥 넘어가요. 근데 왜 형제들이 모이기만 하면 이런 분란이 나는지, 원.”

정환 씨는 형제간의 일로 아내에게 이런저런 소리를 듣는 것도 싫었다. 그래서 아무 대꾸 없이 끊겠다던 담배만 축내고 있었다.

첫마디에서 심사가 꼬이면 다음엔 어떤 말을 해도 좋게 들리지 않는 법이다. 이날 형제간의 대화 형태가 그랬다. 형제간에 경쟁심리가 발동하면 일반적인 인간관계에서보다 스트레스가 훨씬 심하다. 비교 대상이나 지켜보는 눈들이 아주 가까이 있어서 허세가 통하지도 않는다.

가족끼리는 비밀이 없기 때문에 어느 한 형제에게 감추고 싶은 일이 있어도 근황을 전해주는 입이 많다. 이 경우 가족끼리 걱정해서 하는 말도 당사자의 입장에서는 전해지길 원치 않는 정보가 새나간 것이 된다. 설사 상대방이 모르는 일이라 해도 어쩔 수 없는 자격지심 때문에 말 한마디에도 신경이 곤두선다. 내가 미워하는 형이라도 다른 형제들에겐 소중한 가족이니 뒤에서 어떤 말이 오갈지 모른다는 생각이 들기 때문이다.

걱정해서 해주는 말도 때를 못 맞추면 독이 된다. 형 정환 씨보다 상대적으로 잘 안 풀리는 입장의 민태 씨로선 직장을 자주 옮기는 것에 대한 그 어떤 말도 달갑지 않았을 것이다. 이 대목에서 정환 씨에겐 ‘있는 말도 안 해야 되는’ 센스가 필요했다.

물론 형이니까 당연히 동생 일에 참견할 권리가 있다고 생각할지 모른다. 하지만 그러려면 '형은 나한테 이런 말을 해도 될 자격이 있다'는 생각이 들 만큼의 배려가 전제돼야 한다.

　형이니까, 부모니까 해도 된다고 생각했던 말들이 당사자에겐 오히려 큰 상처가 될 수 있다. 가족이란 그가 어떤 상황에서도 가장 인정받고 싶어 하는 울타리이기 때문이다.

❝ 형제간에 경쟁심리가 발동하면 일반적인 인간관계에서보다 스트레스가 훨씬 심하다. 비교 대상이나 지켜보는 눈들이 아주 가까이 있어서 허세가 통하지도 않는다. **❞**

3

...

대화의 단절을
부르는
"어쩌라고?"

결혼 7년째에 접어드는 미라 씨와 영철 씨 부부.

미라 씨는 4남매의 둘째 아들인 영철 씨와 결혼한 뒤 줄곧 본가에 살며 시부모님과 시동생 둘을 뒷바라지해왔다. 시어머니는 몸이 편찮으시고 장남인 승철 씨를 비롯한 남자 형제들이 결혼을 늦게 하는 바람에 그녀가 맏며느리 역할을 떠안게 된 것이다.

미라 씨는 장남과 결혼한 것도 아닌데 시집살이를 하는 게 썩 내키지 않았지만, 영철 씨는 형이 결혼할 때까지만 부모님을 모시며 함께 살자고 그녀를 설득했다. 미라 씨는 사정을 아는 처지에 싫다고 할 수 없어 이를 받아들였다.

그런데 손위 동서가 들어왔는데도 미라 씨의 맏며느리 역할은 끝날 조짐이 보이지 않았다. 승철 씨가 지난해 결혼과 동시에 부인의 직장 근처에 새집을 얻었던 것이다.

"형수가 출퇴근하기가 힘들어서 그러는 모양인데, 지금 우리 형편에 당장 나가 산다고 할 수도 없잖아. 힘들더라도 조금만 더 고생하자, 응?"

영철 씨는 형의 분가 이야기를 하면서 한숨을 내쉬었다. 서운하긴 했지만, 미라 씨도 다른 방법이 없었다. 그동안 분가하려고 모아뒀던 돈을 남편이 펀드에 투자했다가 거의 다 날리는 바람에 막상 나가도 변변한 집 한 칸 얻지 못할 처지였다. 그녀가 살림을 맡아 하는 대신 시아주버니와 시동생들이 생활비 명목으로 매달 일정액을 내놓았으므로 시댁에 살면 최소한 생활비 걱정은 안 해도 됐다.

사실 시집살이가 아주 힘든 것도 아니었다. 남편의 형제들은 늘 그녀에게 고마워했고, 시부모님과도 정이 많이 들었다. 그렇게 평온하던 그녀의 일상에 스트레스가 쌓이기 시작한 것은 손위 동서가 들어오면서부터였다. 결혼 두 달째 접어들면서 승철 씨는 생활비를 뚝 끊었고, 그 대신 명절이나 큰 행사가 있을 때는 손위 동서가 직접 봉투를 건네주었다.

따지고 보면 남편의 형제들이 내놓는 생활비는 미라 씨가 가족을 돌보는 데 대한 사례라고 할 수 있다. 더구나 시아주버니는 집안의 장남이 아닌가. 그래서 미라 씨는 시동생들이 돈 봉투를 내밀 땐 약간 미안한 생각이 들었지만, 시아주버니가 주는 돈은 편하게 생각했다. 그런데 아무 얘기도 없이 돈이 끊기니 기분이 묘했다. 한편으론 시집와서 7년 동안 한 식구로 살아온 시아주버니가 갑자기 남이 된 것 같은 거리감을 느꼈다.

그날도 저녁준비를 하면서 미라 씨는 자꾸 짜증이 났다. 시아버지 칠순잔치 문제로 의논할 일이 있으니 식구끼리 모여서 밥이나 먹자는 연락을 해온 사람은 손위 동서였다. 형이 분가한 뒤에는 의논할 일이 없어도 툭하면 집에 와서 밥 먹기를 좋아하는 의좋은 형제들 덕분에 미라 씨만 골병이 들 지경이었다. 명색이 가족모임이니 찬거리 하나라도 신경 써서 준비해야 하는데 손위 동서 혜진 씨는 직장을 핑계로 꼭 밥 먹을 시간에 맞춰 나타났다. 게다가 혜진 씨는 손위 동서지만 미라 씨보다 다섯 살이나 어렸다.

혼자서 푸념하며 준비하고 있는데 영철 씨가 주방으로 들어왔다. '어쩌다 나이도 어린 동서가 들어와 사람을 이렇게 부려먹나' 싶어 짜증이 오를 대로 올랐던 미라 씨는 남편 얼굴을 보자 참았던 불만을 쏟아냈다.

"당신 형수라는 사람, 너무하는 거 아니야?"

"뭐가?"

"맏며느리가 뭐 이래? 이런 날 좀 일찍 와서 거들면 안 돼?"

"직장 다니잖아."

"오늘 토요일인 거 몰라?"

"무슨 사정이 있겠지."

영철 씨는 또 시작이구나 하는 표정을 지었다. 미라 씨는 그런 남편을 보자 더 화가 치밀어 볼멘소리를 했다.

"당신 형한테 생활비 주지 말라고 한 것도 그 머리에서 나온 게 분명해."

"형이 이 집에 살지도 않는데 무슨 생활비야?"

"그게 뭐 나 용돈 준 거였어? 오늘 같은 날도 그래. 형님네 식구에 매형이랑 조카들도 올 테고, 식구들 모이면 한 푼이라도 더 들어가는 게 당연한데……."

"그만 좀 해. 불만 있으면 괜히 사람 없는 데서 욕하지 말고 직접 달라 그래."

"누가 꼭 돈 때문에 그래?"

"그럼 뭐 때문에 그러는데?"

"왜 일은 나 혼자만 하냐고?"

"그래서 지금 나더러 뭘 어쩌라고?"

미라 씨는 더 이상 대꾸하지 않고 입을 닫아버렸다. 굳이 뭘 어떻게 해달라고 꺼낸 얘기는 아니었다. 다만 말이라도 살갑게 해주길 바란 것인데, 괜히 미라 씨만 치사한 사람이 돼버렸다.

영철 씨의 신경질적인 반응에 미라 씨는 숨이 턱 막히는 것 같다. 대단한 호강을 바란 것도 아니고, 그저 듬직한 성격 하나 보고 선택한 결혼이다. 그런데 평소 다른 문제엔 관대하고 너그럽기 짝이 없는 남편이 식구들 얘기만 나오면 과민반응을 보이곤 한다. 남편은 특히 형이라면 꼼짝하지 못한다. 미라 씨는 그게 다 남편이 무능하기 때문이라고 생각한다. 펀드로 손해 본 금액을 만회하려고 형에게 빌린 돈을 아직 갚지 못해 더욱 주눅이 들었을 것이다. 남편은 형이 결혼하기 전의 일이니 형수는 모를 거라고 하지만 시아주버니 내외를 볼 때마다 미라 씨도 마음 편치 않은 게 사실이다.

돈 때문에 시집살이하는 걸 알았는지 손위 동서도 집안일을 돕지 않는 걸 별로 미안해하지 않는 것 같다. 가만 보면 은근히 그녀를 무시하는 눈치다. 이래저래 큰소리칠 입장이 못 되지만 미라 씨도 식구들을 위해서 할 만큼 해왔다. 그런데 오늘 가족 모임에서 손위 동서 혜진 씨가 그녀의 심정을 결정적으로 긁는 사건이 벌어졌다.

시아버지는 칠순잔치를 집에서 치르고 싶어 하셨다. 그동안은 작은며느리 혼자 고생하는 게 안쓰러워 생일 때도 외식으로 때웠지만, 이젠 큰며느리도 들어왔으니 친지들을 집으로 불러 맘 편히 대접하고 싶다는 것이다.

"아버님도 참, 그게 뭐 어려운 일이라고 그러세요? 저희가 다 알아서 할 테니 걱정하지 마세요!"

'뭘 다 알아서 해?'

혜진 씨의 말에 미라 씨는 머리칼이 쭈뼛 서는 것 같았다. 그녀는 말하는 게 시원시원하고 거침이 없는 대신 뒷감당을 하지 못했다. 손님들을 집으로 초대하면 남 보기엔 흐뭇할지 몰라도 죽어나는 건 살림하는 며느리다. 맏며느리라고 해서 언제 몸으로 때운 적이 있던가.

아니나 다를까, 이번에도 혜진 씨는 입방정만 요란했다.

"도우미 아줌마 부르지 뭐. 비용은 우리가 좀 더 낼게."

비용을 다 내는 것도 아니고 돈 몇 푼 더 낸다면서 생색은 있는 대로 다 내는 혜진 씨 앞에서 미라 씨는 기가 찰 수밖에 없었다.

"걔 누굴 이 집 식모로 아나?"

미라 씨는 잠자리에 누워서도 생각할수록 약이 올랐다.

"집에서 손님 치르는 게 애들 장난인 줄 알아. 참 나, 치사하고 더러워서 월세방이라도 얻어 나가야지."

그때 못 들은 척하고 누워 있던 영철 씨가 벌떡 일어나며 화를 냈다.

"걔가 뭐냐, 걔가?"

"나도 짜증 나서 그래. 없는 데서 무슨 말인들 못 해?"

"그렇게 짜증 나면 집에선 못 해 드리겠다고 하지 왜 성질이야?"

"아버님이 하고 싶어 하시는데 어떻게 싫단 말을 해?"

"그럼 뒤에서 딴소릴 하질 말던가."

"부부끼리 속에 있는 말도 못해?"

"그래서 뭐, 어쩌라고?"

결국, 또 '어쩌라고?'가 나왔다. 말문이 막힐 때마다 튀어나오는 남편의 '어쩌라고?'에 미라 씨는 오만 정이 다 떨어지는 것 같다. 정말 어쩔 수 없어 하는 말이라는 걸 알지만, 대꾸할 말이 그것밖에 없었을까?

　남녀 사이에서 가장 듣기 좋아하는 말을 묻는 설문조사에서 압도적 1위를 차지한 것은 "당신 곁엔 항상 내가 있어"라고 한다. 이 말과 반대되는 말은 "당신이 어떻게 되든 난 상관없는 사람이야"가 된다. 사랑하는 사람이라면 언제나, 어떤 상황에서나 한편이 되어주길 바라는 게 당연하다.

　그렇다면 가장 듣기 싫어하는 말은 무엇일까? 그것은 바로 내 편, 네 편을 가르는 표현이다. 영철 씨의 '어쩌라고'가 나오기 전 미라 씨는 '당신 형수', '당신 형'이라는 말로 스스로 시댁과 편을 갈랐다. 하소연으로 끝날 수도 있었는데 부부싸움으로 비화하는 이유는 대개 이런 식의 무신경한 말투 때문이다.

　남편이 자신의 불만을 해결해줄 수 없다는 것은 미라 씨도 잘 안다. 그녀는 다만 힘들다고 말하고 싶었던 것이다. 만일 이 상황에서 그녀의 첫마디가 달랐다면 어땠을까?

　"혼자 식사 준비하느라 무리했더니 너무 힘들어."

　표현이 이 정도에서만 그쳤어도 영철 씨의 반응은 그렇게 까칠하지 않았을지 모른다. 어쩌면 아내의 불만을 해소시켜주는 대꾸가 바로 나왔을 수도 있다.

　"이런 날 형수가 좀 일찍 와서 도와주면 좋을 텐데……. 내가 뭐 도와줄 일 있으면 말해."

　남편의 말 한마디로 아내는 모든 것을 잊는다. 자기가 하고 싶었던 말을 상대방에게서 듣기만 해도 스트레스가 반쯤은 날아가기 때문이다.

한 번 말문이 잘못 열리면 본의 아니게 오해가 생기고 죄 없는 상대방을 원망하게 될 수도 있다. 부부는 한 몸이라지만 가족이 개입되면 문제가 달라진다. 배우자에게서 가족의 험담을 듣는 것만큼 불쾌하고 자존심 상하는 일은 없다. 가족이란 자기 마음대로 바꾸거나 선택할 수 있는 존재가 아니므로 누군가가 자신의 가족을 탓하는 건 이미 주어진 환경을 비난하는 것이나 다름없다. 배우자가 자기 부모나 형제를 비난하면 상대방은 그 말을 이렇게 받아들인다.

"당신은 왜 겨우 이런 집안에서 태어난 거야?"

이럴 때 부부는 세상에서 가장 먼 무촌지간이 되는 것이다.

> ❝ 남녀 사이에 가장 듣기 좋아하는 말은 "당신 곁엔 항상 내가 있어"라는 말이고, 가장 듣기 싫어하는 말은 내 편, 네 편을 가르는 표현이다. ❞

4

...

적을 동지로 만드는
화해의 메시지
"당신 참 잘한다!"

시아버지 칠순잔치 날, 아침부터 손님들이 들이닥쳤다. 이틀 전부터 장 보고 재료 준비하느라 잠시도 쉴 틈 없었던 미라 씨는 그래도 웃는 낯으로 손님들을 맞았다. 7년 동안 한 식구로 지내며 대소사에 참여해온 까닭에 낯익은 친척들을 만나는 것도 반가웠다.

"일찍 오느라고 왔는데 벌써 준비를 다했나 봐요?"

아침상을 차리느라 정신없이 움직이는데, 손위 동서 혜진 씨가 주방을 힐끗 들여다보고는 누구에겐지 모를 인사를 건넸다. 나이 차이가 껄끄러운지 미라 씨를 대하는 혜진 씨의 말투는 늘 부자연스럽다. 어느 땐 말을 높였다가 또 어느 땐 의식적으로 낮추는 것 같으면서도 차마 '자네' 소린 안 나오는 모양이다.

미라 씨도 마찬가지다. 예의상 말끝을 올려주긴 해도 아직

'형님' 소리는 한 번도 안 했다. 애들이 있으면 '큰 엄마', 남편이 있으면 '형수님'으로 대충 갖다 붙이는 정도다.

큰아들 내외가 왔다고 거실에선 한바탕 떠들썩하다. 집에 왔으면 시부모님께 먼저 인사를 올리는 게 순서다. 그런데 미라 씨가 보기엔 바쁜 와중에 인사가 너무 길었다. 선물 드리는 게 뭐가 급하다고 바리바리 싸온 꾸러미를 풀어 설명까지 하는 게 꼭 누구 들으라는 것 같다.

게다가 시어머니는 한술 더 뜬다. 주방 일이 어떻게 돌아가는지 신경도 안 쓰고 친척들에게 새 며느리 자랑을 하느라 입에 침이 마를 지경이다. 그런 상황을 보고 있자니 미라 씨는 영락없이 부엌데기 신세다.

'그래, 나는 몸으로 때우는 재주밖에 없지.'

미라 씨는 오기가 나서 거실 쪽으로는 눈길도 안 주고 남편을 불렀다.

"지민 아빠, 상 들여가세요!"

깜짝 놀란 영철 씨가 주방으로 들어오고, 혜진 씨도 그제야 팔을 걷어붙이고 나선다.

"아주머니, 전 뭘 할까요?"

아래 동서를 제치고 묻는 말에 도우미 아줌마도 당황했는지 미라 씨 눈치를 본다. 미라 씨는 "필요 없으니 가서 하던 얘기나 하라"고 말하고 싶은 걸 꾹 참고 애꿎은 남편에게 신경질을 냈다.

"교자상 꺼내달라고 한 지가 언젠데 여태 그러고 있어요?"

"어른들 계시는데 아침부터 왜 큰 소리야?"

"지금 바쁜 거 안 보여요?"

난데없이 무안을 당한 영철 씨의 얼굴이 붉으락푸르락해지고 분위기가 살벌해지려는 찰나 혜진 씨가 얼른 둘 사이에 끼어들었다.

"아유, 서방님. 동서 목소리가 원래 크잖아요. 일단 상부터 꺼내세요. 어른들 시장하시겠네. 동서, 이거 그릇에 담아야지?"

어디서 그런 순발력이 나오는지 혜진 씨가 나서서 자연스럽게 시동생 부부를 갈라놓은 덕분에 상황은 종료되었다. 그러나 미라 씨의 마음속에는 혜진 씨를 향한 앙금이 여전히 남아 있었다.

'내 목소리가 원래 크다고?'

그것은 분명 자신을 비웃는 말투였다.

그런데 식사가 끝나고 나서도 혜진 씨는 미라 씨의 비위를 건드렸다.

"지민이 공부는 잘해?"

초등학교 1학년인 지민이가 주방에 물심부름을 왔는데 혜진 씨가 물었다. 지민이는 수줍음을 많이 타는 아이다.

"예, 그냥요."

"그냥? 지민이 엄마, 아빠 돈 많이 벌어야겠네?"

아이가 쑥스러운 듯 웃으며 나가자 혜진 씨가 픽 웃으며 말했다. 순간 미라 씨의 안색이 굳어졌다.

"돈을 많이 벌어야겠다니, 그게 무슨 말이에요?"

"왜? 내가 말을 잘못했나?"

"공부를 못하니 학원비가 많이 들겠단 소리 아녜요?"

"아니, 난 그냥 한 소린데?"

듣는 사람은 속이 화끈거리는데 그냥 한 소리라니 말문이 턱 막혔다. 미라 씨는 행주를 탈탈 털어 싱크대에 걸고는 말없이 자기 방으로 갔다. 맘 같아서는 시아버지 칠순이고 뭐고 상관 없이 그냥 드러눕고 싶었다. 잠시 후 노크 소리가 들리더니 혜 진 씨가 들어왔다.

"나한테 무슨 불만 있어요?"

"예?"

"나한테 무슨 불만 있냐고요?"

혜진 씨도 기분이 좋지 않은지 굳은 표정으로 존댓말을 썼다.

"됐어요. 아무 생각 없이 하신 말을 내가 비꼬아서 들었나 보죠."

"비꼬아서 듣다니?"

"내 귀엔 그 말이, 부모가 능력도 없는데 아이가 공부를 못 해서 어쩌냐는 소리로 들렸거든요. 근데 우리 지민이 공부 잘 해요."

이번엔 혜진 씨가 얼굴이 빨개져서 말을 잇지 못했다. 미라 씨의 말이 반은 맞고 반은 틀렸다. 혜진 씨는 직설적인 성격이라 속에 있는 말을 거르지 않는 편이다. 그녀는 아이가 공부에 별 자신이 없다는 줄 알고 부모가 신경을 많이 써야겠다고 생각했고, 그것을 혼잣말처럼 내뱉은 것뿐이었다. 그런데 그 말이 이렇게까지 상대방을 불쾌하게 만들고 자신을 비난하는 말이 되어 돌아올 줄은 몰랐다.

미라 씨의 태도는 그녀를 남 비꼬기나 좋아하는 형편없는 속물로 취급하고 있는 것처럼 느껴졌다. 뭔가 해명이라도 하고 싶었지만 당황스러운 나머지 할 말을 찾지 못하는데 아래층에서 찾는다며 아이가 올라왔다. 이날 가족들은 거의 눈치채지 못했지만, 잔치가 끝나고 친척들이 모두 흩어질 때까지 혜진 씨와 미라 씨는 꼭 필요한 경우 외에는 말을 하지 않았다.

두 사람의 가장 큰 문제는 위아래가 바뀐 나이 차이라는 장벽을 극복하지 못했다는 점이다. 나이는 많아도 아랫사람인 미라 씨가 먼저 호칭 문제를 정리해준다면 바람직하겠지만, 그녀는 자존심 때문에 선뜻 마음을 열지 못한다. 이럴 때 시댁 어른들이 개입할 수도 있는데, 아직은 둘만의 은밀한 갈등을 알아차리지 못한 상태다. 그래서 가족이 된 지 일 년 정도가 흘렀는데도 둘 사이는 여전히 서먹서먹할 수밖에 없다.

이날 미라 씨는 처음부터 혜진 씨의 말을 곱게 듣지 않았다. 목소리가 크다는 것은 반드시 흉이 되는 말이 아닌데도 화가 나 있었기 때문에 부정적으로 받아들인 것이다. 그런 면에서 혜진 씨는 조금 억울할 수도 있겠지만, 그녀 역시 말솜씨가 세련되지 못했던 것은 사실이다. 공부를 잘하느냐는 물음에 대한 아이의 반응을 보고 한 말도 그렇다. 이 경우 아이가 '그냥요'라고 대답한 것은 '그럭저럭'이라는 뜻이 될 수 있지만 겸손함의 표현일 수도 있다. 이때 상황을 우선 긍정적인 쪽으로 해석해서 말을 받았다면 부모의 마음에 상처를 주는 일은 없었을 것이다.

자식 칭찬에 약해지지 않는 부모는 없다. 자식 자랑은 팔불출이라지만, 누가 자기 자신을 칭찬하는 것보다 자식이 잘한다는 소리를 더 듣고 싶은 게 부모 마음이다.

"아드님이 참 잘 자랐네요!"

누가 이렇게 말하면 부모 귀에는 "부모 노릇 참 잘했어요!"로 들리는 법이다.

"그냥? 넌 어쩜 그렇게 의젓하니?"

똑같은 말이라도 아이의 좋은 점을 부각시키거나, 여기에 한 술 더 떠서 부모를 살짝 띄워주는 말을 했다면 어땠을까?

"어머, 얘 말하는 것 좀 봐. 누굴 닮아서 이렇게 점잖은 거야?"

이렇게 했다면 최소한 대놓고 얼굴 붉히는 일은 없었을 것이다.

동서끼리 처음부터 친해지기는 어렵다. 속정을 들이려면 어느 정도 시간이 필요하다. 그렇다고 생판 모르는 남들처럼 배려 없이 행동할 경우 서로 더욱 멀어지게 된다. 특히 어려운 사이일수록 항상 문제가 되는 건 한마디의 말이다. 같은 말이라도 듣기 좋은 말이 좋은 관계를 만든다는 것을 잊지 말자.

> 자식 자랑은 팔불출이라지만, 누가 자기 자신을 칭찬하는 것보다 자식이 잘한다는 소리를 더 듣고 싶은 게 부모 마음이다.

5

...

신뢰를 무너뜨리는
최악의 한마디
"네가 뭔데?"

이날 승철 씨도 기분이 안 좋았다. 여자들 사이에 무슨 일이 있었는지 모르는 승철 씨에게 혜진 씨는 돌아오는 차 안에서 내내 불평을 쏟아냈다. 손아래 동서가 자신을 무시한다는 거였다.

"나이는 어려도 내가 형님인데 꼬박꼬박 호칭 끊어먹는 것 봤지?"

"아직 낯설어서 그렇겠지, 뭐. 당신이 좋게 생각해."

"뭘 좋게 생각해? 그럼 걔더러 언니라고 부르기라도 하란 말이야?"

"제수씨 알고 보면 착한 사람이야. 너무 그러지 마."

"흥! 착한 사람이 다 얼어 죽었나 보네."

아내의 말에 점점 가시가 돋치는 걸 느끼고 승철 씨는 더 이상 대꾸하지 않았다. 아내가 화를 낼 땐 일단 피하고 보는 게 상책이었다. 아무리 기분 나쁜 일도 시간이 좀 지나고 나면 제풀에 풀리곤 하던 아내였다. 그런데 이번 경우는 달랐다. 대꾸를 안 하는데도 불평의 강도는 갈수록 높아졌다.

"나이 많은 게 무슨 벼슬이야?"

"식구들이 그렇게 싸고도니까 사람 알기를 우습게 알지."

"당신이 평소에 집에서 어떻게 처신을 했길래 그래?"

혜진 씨는 혼자 떠들다 보니 더 약이 올랐는지 이번에는 남편을 물고 늘어진다.

"안 봐도 뻔하지, 뭐. 잘난 장남이랍시고 점잖은 척이나 했겠지."

"내가 장남한테 시집온 게 죄야?"

듣다못해 승철 씨가 도로변에 차를 세웠다.

"대체 무슨 일 때문에 이러는데?"

"별것도 아닌 일 가지고 걔가 나한테 대놓고 성질을 부리잖아."

혜진 씨는 주방에서 있었던 일을 대강 이야기했다. 그러자 승철 씨는 더 들어볼 것도 없다는 듯 딱 잘라서 아내를 나무랐다.

"당신 그 말버릇 좀 고쳐. 제수씨가 화낼 만도 했군, 뭘 그래?"

"내 말버릇이 어때서? 솔직하게 느낀 대로 말도 못해?"

"사람이 어떻게 하고 싶은 말만 하고 사나? 그러니까 형님 소릴 못 듣지."

마지막에 한 말은 혜진 씨를 막다른 골목으로 내모는 직격탄이었다.

"당신이 뭘 안다고 그래?"

"안 봐도 뻔하잖아? 평소 당신이 하는 말이나 행동을 한번 생각해봐. 누가 당신더러 우리 집 맏며느리라고 하겠어? 오늘도 일은 제수씨가 다하는 것 같던데."

정곡을 콕콕 찔러대는 승철 씨의 말 한마디 한마디가 혜진 씨에게는 그대로 독이 되었다. 사실 그녀가 열 받은 일은 조카일로 손아래 동서와 신경전을 벌인 것 말고도 또 있었다.

승철 씨의 손아래 여동생 경희 씨는 입바른 소리 잘하기로는 혜진 씨보다 한 수 위였다. 칠순잔치가 모두 끝나고 설거지까지 마치고 나니 밤 10시가 넘은 시각이었다. 전날 회사에서 늦게까지 일하고 그날 아침 일찍 본가에 오느라 잠을 설쳤던 혜진 씨는 몸이 천근만근 무겁게 느껴졌다. 하지만 명색이 맏며느리인데 미리 와서 도와주지 못했다는 자책감 때문에 누구한테 힘들다는 말도 꺼내지 못했다.

공교롭게도 집안 대소사가 있을 때마다 직장에서 빠져나오지 못할 사정이 생기곤 해서 남몰래 마음고생이 컸던 그녀였다. 무엇보다 나이 많은 손아래 동서에게 미안해서 늘 눈치만 보게 됐다. 게다가 무슨 이유에선지 상대는 처음부터 자신을 별로 탐탁해 하지 않았다. 집안일에 서툰 혜진 씨가 뭘 물어보고 싶어도 말을 붙이기가 어려울 정도였다. 그런 속사정도 모르고 시누이는 온 가족이 보는 데서 혜진 씨의 자존심을 완전히 뭉개버렸다.

시부모님께 인사를 드리고 막 현관문을 나서려던 참이었다.

"힘들었지? 가서 푹 쉬어라. 오늘 고생 많았다."

"솔직히 고생은 둘째 올케가 했지, 뭐. 맏며느리 노릇 하느라 애썼어요."

시어머니가 큰아들 내외를 배웅하는데 시누이가 끼어들어 미라 씨에게 공치사를 했다. 버젓이 맏며느리를 앞에 두고 손아래 동서에게 맏며느리 운운하는 걸 듣고 혜진 씨는 얼굴이 화끈 달아올라 어쩔 줄 몰랐다.

그런데 눈치 없는 남편까지 시누이 말을 거들고 나서는 데는 뭐라 대꾸할 기력조차 없었다. 남편은 그것으로도 모자라 또다시 맏며느리 자격 운운하며 아내의 속을 뒤집는 것이었다.

"쓸데없이 남의 말버릇 간섭 말고 당신 말버릇이나 챙기셔. 아까도 마누라 옆에 두고 그게 할 소리야?"

"내가 뭘?"

"새 식구가 들어와도 별로 달라지는 게 없어서 제수씨한테 미안하다며? 여동생이 낄 자리 안 낄 자리 분간도 못 하고 아무 소리나 지껄여댄다고 집안의 장남이란 사람이 채신없게 꼭 그렇게 맞장구를 쳐야겠어?"

혜진 씨는 그렇게 말하고는 혼잣말처럼 중얼거렸다.

"자기는 뭐 어디 가면 좋은 소리 듣는 줄 아나?"

그 말은 승철 씨의 귀에 또렷이 박혔다. 혜진 씨는 지금 친정 얘기를 하고 있는 게 분명했다.

두 사람이 결혼하겠다고 했을 때 혜진 씨 집에선 승철 씨가 장남이고 나이가 많다는 이유로 심하게 반대했다. 승철 씨와 여덟 살이나 차이가 나는 혜진 씨도 식구들의 반대에 마음이 흔들리는 눈치였다. 그래서 승철 씨가 장남이지만 분가해서 살겠다는 조건으로 간신히 결혼 허락을 받아낸 것이다. 아내의 직장을 핑계로 나와 살면서도 늘 부모님과 동생들 보기가 미안했던 승철 씨로선 기분이 확 상하는 말이었다.

그런데 혜진 씨가 이 상황에서 기름을 끼얹는 한마디를 보탰다.

"따지고 보면 그 여자도 불쌍해. 사람들이 일 시켜먹는 재미에 오냐, 오냐 해주는 것도 모르고 미련하게……."

그 말에 승철 씨의 인내력은 바닥을 드러냈다. 그가 아내를 잡아먹을 듯 노려보며 거칠게 내뱉었다.

"너 뭐야? 뭔데 우리 식구를 그딴 식으로 말하는 건데?"

"뭐?"

"꼴 보기 싫으니까 내려."

승철 씨는 화가 머리끝까지 나서 전혀 딴사람처럼 굴었다. 그는 하얗게 질린 아내의 표정은 거들떠보지도 않고 담배를 빼어 물었다. 혜진 씨는 남편을 싸늘하게 노려보다 차에서 내렸다. 그러고는 택시가 오자 뒤도 안 돌아보고 올라탔다.

이날 부부의 대화는 서로에게 폭력을 가하는 수준이었다. 혜진 씨가 분노하는 데는 그 나름대로 이유가 있었다. 아직 결혼이라는 문화에 적응하지 못한 그녀에게 손아래 동서만 싸고도는 듯한 남편의 태도는 소외감을 주기에 충분했다. 손아래 동서가 먼저 시댁에 자리 잡고 살아온 7년의 세월이 그녀에게도 큰 부담이 된다는 것을 남편은 이해하지 못했다.

더구나 그녀는 직설적인 성격이라 종종 오해를 살 만한 행동을 한다. 제 딴에는 잘하려고 하는데도 가족들은 자기편이 아닌 것 같다. 이럴 때 기댈 곳이라곤 남편밖에 없다. 하지만 승철 씨 역시 여유가 없기는 마찬가지다. 특히 장남의 경우 부모를 모시든 안 모시든 아내가 자기 가족을 원망하거나 비난하는 것에 대해 다른 형제들보다 스트레스를 심하게 받는다.

이런 부분을 서로 이해하려는 노력이 없으면 부부간 갈등의 골은 깊어질 수밖에 없다. 그런데 이 부부는 각자 자기 몫의 스트레스에만 집중하고 있다. 대화가 좀 거칠기는 했어도 서로의 존재를 무시하는 표현만 자제했다면 언쟁이 이렇게 막장으로 치닫지는 않았을 것이다.

"당신이 뭘 알아?", "네가 뭔데?" 하는 식의 말투는 상대방의 존재를 자기 영역에서 완전히 배제시키는 최악의 극단적 표현이다. 같은 말이라도 "당신이 날 좀 이해해주면 안 돼?" 했으면 적어도 남편의 입에서 "안 봐도 뻔하다"는 말은 나오지 않았을 것이고, 이어지는 공격의 강도도 약해졌을 것이다. 이 상황에서 최악의 멘트는 시댁 식구들을 싸잡아서 헐뜯은 아내의 비난과 이에 분개한 남편이 내뱉은 마지막 말이었다.

"네가 뭔데?"는 어떤 관계에서든 상대를 질리게 만드는 말이다. 남편은 여기에 한술 더 떠서 아내를 그 늦은 밤에 차 밖으로 내몰기까지 했다. 남자들은 욱하는 성질을 못 이겨서 하는 그들의 행동이 여자들에게 얼마나 큰 상처를 주는지 잘 알지 못한다. 평생 남을 상처가 되는 말을 해놓고도 "그래도 내가 성질이 좋아 참는 거지, 딴 남자들 같았으면 벌써 몇 대 날아갔을 거야" 하고 자신을 스스로 합리화하는 경우도 많다.

'화나면 무슨 말을 못해?' 하는 생각은 어디까지나 자기변명에 불과하다. 언쟁이 도를 넘었다 싶으면 일단 한 박자 쉬어 가자. 내 입에서 칼이 나가는 순간 상대방은 평생 그 상처를 가슴에 품고 살게 된다. 부부싸움에서 무조건 이기려고 하는 것만큼 어리석은 일도 없다. 극단적인 말투는 상대방의 말문을 막아버리는 데는 성공할지 몰라도 실상은 관계를 포기하는 패자의 말버릇이다.

> 66 "당신이 뭘 알아?", "네가 뭔데?" 하는 식의 말투는 상대방의 존재를 자기 영역에서 완전히 배제시키는 최악의 극단적 표현이다. 99

성공한 1% 리더들의
고품격 대화

지은이 | 신영란
발행처 | 도서출판 평단
발행인 | 최석두

신고번호 | 제2015-00132호
신고연월일 | 1998년 07월 06일

초판 1쇄 발행 | 2016년 08월 19일
초판 3쇄 발행 | 2018년 09월 17일

우편번호 | 10594
주소 | 경기도 고양시 덕양구 통일로 140(동산동 376)
　　　삼송테크노밸리 A동 351호
전화번호 | (02) 325-8144(代)
팩스번호 | (02) 325-8143
이메일 | pyongdan@daum.net

ISBN | 978-89-7343-444-2 03320

값 · 13,000원

ⓒ신영란, 2016, Printed in Korea